総括　戦後公安事件秘録

はじめに

多くの人々の記憶から薄れつつある一昔前の公安事件について今さら何を語ろうとするのか。そう疑問に思われるかもしれない。まず本書の執筆の目的を説明しておきたい。

私は、一九六〇年四月に東京地検検事として任官（司法修習生一二期）し、九七年六月に広島高検検事長で定年退官した。検事在職三七年。東京、甲府、横浜、札幌の各地検、さらに東京高検や仙台高検、最高検、そして公安調査庁でも勤務した。

三七年間のうち半分近い一七年間もの長きにわたり公安事件に関わり、六〇年代から七〇年代にかけてわが国で最も公安事件が多発した時期に、東京地検公安部で多くの事件の捜査を担当し、その後も最高検公安部長や公安調査庁の調査第二部長、長官を歴任した。私のように公安畑が長い検事のことを検察の世界では、「公安検事」と呼ぶことがある。検察でも花形とされる特捜部の検事と違い、華やかなキャリアを歩むことは多くないが、国家転覆を図る勢力と対峙《たいじ》し、治安の根幹を担っているという強い自負を持ってきた。

私が定年退官して三〇年近い。退官から一〇年が経った二〇〇七年に自分でも思いもよらぬ罪で逮捕され、最高裁まで争ったが有罪が確定した。詳しくは本書の第八章で明らかかにするが、これにより私は法曹界を追われ、妻の郷里に蟄居《ちっきょ》することを余儀なくされた。

我が身に起きた激変に戸惑い、己の来し方を内省する日々を送るうちに、かつてともに公安事件の処理に追われた上司、先輩、同僚、後輩の「公安検事」各位の多くが他界された。あの時代、私たちが何と戦い、何を守ろうとしていたのか、当時を語ることができる者も限られるようになり、資料も散逸《さんいつ》の憂《う》き目に遭っているものと思われる。

かく言う私は、二〇二四年で満九〇歳に達した。当時を知る数少ない生き残りの一人として垢を含んででも後世に証言を残しておくべきだろうと考えた次第である。それが私を育ててくれた検察への恩返しでもあろう。

「歴史は繰り返す」は、古代ローマの歴史家の言葉だという。私が経験した公安事件の歴史は、決して繰り返してはならないものばかりだ。一人の公安検事の生きざまから多くの教訓を得てもらい、二度とあのような事件や過ちを繰り返さないでほしいと願う。

なお、本書の各章は概《おおむ》ね時系列に沿って順に配し、捜査の内幕などを明らかにしたが、冒頭の章のみ時系列でなく、オウム真理教について述べている。二〇二五年は地下鉄サリン事件から三〇年。教団は解体したが、現在においてもその後継団体は公安調査庁の調査対象とされている。オウム真理教の危険性を指摘し、今なお警戒を怠ってはならないことの論証としたいと考えたためである。

本書は特に断わりを入れない限り二〇二五年三月現在の時制で記述されている。

装丁　前橋隆道

第一章　オウム真理教

一九九五年三月、地下鉄サリン事件が起きた。首都・東京の中枢において化学兵器を利用した無差別テロが行なわれるという、わが国の犯罪史上、類を見ない事件である。これほどの重大事件を起こした宗教団体のオウム真理教に対して、事件当時の公安調査庁は遅れをとっていた。事件を受けて組織を挙げた情報収集に奔走すると、国家転覆を図ろうとしたその恐るべき実態が浮かび上がってきた。ただちに破壊活動防止法（破防法）に基づく団体規制請求に向けた手続きを進めることにした。

身震い

一九九五年三月二〇日、地下鉄千代田線の霞ケ関《かすみがせき》駅ホームは午前八時を過ぎ通勤ラッシュの時間を迎えていた。そこへ入ってきたのは、大勢の乗客を乗せた我孫子《あびこ》発代々木上原行きの列車である。

それより二〇分ほど前、北千住《きたせんじゅ》駅でこの列車の一号車に痩せた男が乗り込んできた。霞ケ関駅まであと四駅となる新御茶ノ水駅に着く直前に、男は床上に置いたビニール袋を先端がとがった傘で突き刺すと、列車から降りて逃走した。

その後、ビニール袋から漏れ出した気体が充満するにつれて車内は阿鼻叫喚《あびきょうかん》の場と化す。二重橋前駅と日比谷駅の間で乗客数人が次々と倒れだし、被害者が続出。通報を受けて駅員らがホームで待ち構えるなか列車が霞ヶ関駅に到着した。

駅員らはこの不審なビニール袋を車内から排除するが、中に入っていた異臭を放つ液体が猛毒の化学物質サリンであるとは知る由《よし》もなかった。駅員二人はその場で昏倒《こんとう》、のちに死亡する。さらに乗客ら二三一人が重症を負った。

千代田線だけではない。丸の内線や日比谷線でも同じ時刻に一斉にサリンが地下鉄車内で散布された。いずれも霞ヶ関駅に向かっていた三路線五本の列車で、合計一四人が死亡し、負傷者はおよそ六三〇〇人に上った。

事件当時、私は公安調査庁の長官として国家の治安を脅かす団体について情報の収集と分析を行なう機関のトップにあった。職場である公安調査庁は、まさに被害現場となった霞が関に建つ中央合同庁舎六号館にある。

第一報が入った時点で私は、これは首都の中枢を狙ったテロであると直感した。その時の身震いは、三〇年を経た今も鮮明に憶えている。

警察は前年の秋頃からオウム真理教がサリン製造に関わっているとにらんでいた。教団の関係会社がサリンの原材料を大量に購入していることが判明した上に、山梨県上九一色《かみくいっしき》村の教団施設周辺で採取した土壌からサリンの残留物である有機リン系化合物が検出されていたからだ。事件が起きたのは全国の教団施設に一斉家宅捜索に踏み切る二日前だった。事件を受けて大規模な捜索が行なわれたが、地下鉄サリン事件への関与を裏付ける決定的な物証が得られず、実行役も特定できないでいた。警察の焦燥はよく理解できた。

そんなさなかの三月三〇日、警察庁の國松孝次《くにまつたかじ》長官が荒川区内の自宅を出たところを何者かに狙撃される事件が発生する。國松長官は一命こそ取り留めたが、極めて正確な射撃によって狙われていた。この事件は未解決のまま二〇一〇年に時効を迎えたが、いずれにせよ相当な射撃技術を持つ者による犯行であることは間違いなかった。

当時の警視庁の中でも公安部はオウム真理教による犯行を疑い、刑事部は別の犯人を疑うなど捜査方針をめぐって対立していたことが知られている。ただ、あの騒然とした状況の中での事件である。公安部がオウム真理教によって二の矢が放たれたと疑ったのは理解できなくもない。

いずれにせよ、地下鉄サリン事件という未曾有《みぞう》のテロ事件に続き、警察トップまでが狙撃されたわけである。同じく日本の治安の一翼を担う組織のトップとして、治安の根幹が揺るがされていることに私は強い危機感を覚えた。

突破口となったのは、事件から一九日後に教団幹部で医師だった林郁夫《はやしいくお》が放置自転車窃盗の容疑で逮捕されたことである。林は事件への関与を自白、教団幹部らの役割分担を詳細に供述したことから事件の全容が明らかになった。林は地下鉄千代田線の車内でサリンが入ったビニール袋を傘の先で突いて逃走した本人である。

サリンが散布された車両内の除染作業をする自衛隊員

犯行の動機はオウム真理教への捜査の攪乱《かくらん》にあったとされる。上九一色村の教団施設周辺からサリンの残留物が検出されたことが九五年元日の『読売新聞』のスクープによって明らかにされ、捜査関係者やマスコミの間では近く強制捜査が行なわれるとの観測が広がっていた。そこから情報が漏れたのだろう。教祖・麻原彰晃《あさはらしょうこう》こと松本智津夫《まつもとちづお》はその矛先を逸《そ》らすためにテロ決行の指示を下した。

のちに公判で明らかになったところでは、麻原に続く教団最高幹部で科学技術省トップでもあった村井秀夫が、事件前に実行役らを集めて麻原からの指示であると暗示した上で地下鉄にサリンを撒《ま》くことを明らかにし、さらにこう述べたという。

「対象は、公安警察、検察、裁判所に勤務する者であり、これらの者は霞ヶ関駅で降りる。実行役のそれぞれが霞ヶ関駅に集まっている違う路線に乗って霞ヶ関駅の少し手前の駅でサリンを発散させて逃げれば、密閉空間である電車の中にサリンが充満して霞ヶ関駅で降りるべき人はそれで死ぬだろう」

日本の治安や司法の中枢に攻撃を加えようとしたのである。まさに狙われていたのは私たち自身だったということになる。

その村井も教団幹部らが次々と警察に逮捕されるさなかの四月二三日、南青山の教団東京総本部前で山口組系暴力団の組員に刃物で刺されて死亡した。大勢のマスコミ関係者でごった返す目の前での犯行である。

その瞬間はテレビで繰り返し放送され、大きな衝撃を社会にもたらした。長く守られてきた日本の治安をめぐる安全神話が崩壊しかねない事態である。われわれ治安を守る側の力量が大きく問われていた。

戦車6台

その教団幹部のメモの写しを見て私は驚愕した。

公安調査庁の長官である私は、当然ながら捜査担当者でもなく、現場で情報収集にあたる調査官でもない。霞が関の役所内で部下からの報告を受ける立場である。本来なら直接に原資料を見るはずもないのだが、旧知の関係者から「内密でご覧になりますか」と声をかけてもらったのだ。

緊急時のことだ。長官だからと躊躇《ちゅうちょ》している場合ではない。自ら出向くべきだと判断して急いで駆けつけた。

横に罫線が引かれたノートに走り書きされた文字が並ぶ。一部に判読が難しい文字もあるが、それでも読み取れる部分を拾っていくうちに戦慄を覚えずにはいられなかった。

〈2月20日　サブマシンガン見学
AK47－1000$　1100$　500$
ゴルフバッグ　銃身を持って帰る。
小銃　最低5人　最大15人

訓練　4月6、7、8日検討中〉

ロシアで製造され、世界で最も流通している自動小銃として知られるAK47の購入に向けて見学や価格の調査をしていたばかりか、その銃身をゴルフバックに入れて持ち帰ることや軍事訓練の実施を検討していたことまで記されていたのだ。

このメモはオウム真理教の最高幹部のひとりだった早川紀代秀《はやかわきよひで》が記していたものである。国家体制を模した教団で建設省大臣とされ、特にロシアの政府高官に太いパイプを築いていた。早川は地下鉄サリン事件の発生当時はロシアにいたが、帰国後の四月二〇日に都内で逮捕された。

その二週間前に押収されたのが、「早川ノート」と通称される、早川の手書きメモである。関係者から見せてもらったその写しには、ロシアから武器を日本に持ち込み、国家転覆を図らんとする教団の計画が克明に記されていた。

当時のロシアはエリツィン政権の時代である。オウム真理教はなかでもエリツィンの側近で安全保障会議書記の要職にあったオレグ・ロボフに食い込んでいた。大統領に直属する安全保障会議の事務局を牛耳《ぎゅうじ》り、軍や治安機関に大きな影響力を持つ人物である。

教団との関係は、九二年二月にロボフが来日した時に遡《さかのぼ》る。ロボフにつながる日本人ブローカーを経由して「モスクワ大学で講演ができる」との話がオウム真理教に持ち込まれ、さらに来日中のロボフに面談すると、「一億円でエリツィンと会える」との話まで持ちかけられたという。

この話に飛びついた麻原らは、早くも翌月には「ロシア救済ツアー」と称して三〇〇人の信者を引き連れてモスクワに向かう。エリツィンとの会見こそ急な事情の変更を口実に実現しなかったが、副大統領のルツコイや最高会議議長のハズブラートフらと面談したばかりか、モスクワ大学での麻原による講演やクレムリン内のコンサートホールでオウム真理教の音楽劇の上演まで行なった。

ロボフにはオウム真理教から巨額の金が渡ったであろうことは想像に難くない。ロシアでの宗教法人登録がたちどころに認められ、教団幹部らへのマルチビザの発給や減税措置などの便宜が図られる。以後、教団はロボフと癒着をさらに深め、さまざまな見返りを得るようになる。

オウム真理教は、九〇年二月の衆議院選挙に候補者二五人を立てたが惨敗、当選者を一人も出すことができなかった。さらに、九〇年一〇月には熊本県の阿蘇に教団施設を建設する計画をめぐり、国土法違反で熊本県警の強制捜査を受け、幹部らが逮捕される事件も起こしていた。

このあたりから教祖の麻原は、武力による政権転覆を企図するようになったとされる。早川ら幹部には「一九九七年、私は日本の王になる。二〇〇三年までに世界の大部分はオウム真理教の勢力になる。真理に仇なす者はできるだけ早くポア（殺害）しなければならない」と説法したという。そのために必要とされたのが、武器である。

目をつけたのは、ロシアである。九一年のソ連崩壊後の大混乱の中にあって社会はマフィアに牛耳られ、政府や軍、治安機関を問わず汚職が横行しており、軍や様々な研究機関、軍需工場から武器や大量破壊兵器の流出がすでに深刻な問題となっていた。

ロシアでの武器調達の担当となったのが、先ほどのメモの主である早川である。すでにロシアでは麻原らのロシア訪問以降、急速にオウム真理教の影響力が高まっていた。早川が地下鉄サリン事件から一〇年後に出版した著書『私にとってオウムとは何だったのか』によると、ロボフの口利きでロシアでのテレビやラジオの放送枠を獲得したことが大きなきっかけになったという。

〈毎日のように教団の宣伝がラジオ、テレビを通じて行なわれるようになりました。日本でいうＮＨＫのような放送局からオウムの番組がラジオで毎日、テレビで毎週放送されることで、教団のステータスはロシアでは異常に高まっていったのです〉

折からの社会の混乱でロシア人が心の拠り所を求めていた時期のことである。

教団のモスクワ支部の信者は三万人とも四万人とも言われるほど膨れ上がり、日本国内を上回るまでになったことに自信を深めた麻原は、早川らに指示してロシア国内に構築した太いパイプを利用して教団の武装化を一挙に図るようになる。

　早川の前傾書によると、日本から来た教団の科学技術省トップの村井から「なんとか一丁入手してほしい」と要望されて、あちこち手を尽くしてＡＫ47を入手したという。村井らはそれをもとに上九一色村の教団施設内で製造を試み、九五年の正月ごろには、試作品の完成に至る。

　その他にも麻原の指示で九三年の十二月には、ロシアで毒ガス検知機と防毒マスク、防護服を入手。九四年四月には、自動式毒ガス検知機や細菌検知機を入手し、それを分解して他の教団幹部に日本に持ち帰らせたという。

　教団が考えていたのは、武器の調達だけではない。ロシアから武装した兵士、いわば傭《よう》兵《へい》を日本に招き寄せることを検討していたことが早川ノートからは窺《うかが》える。

〈20人の乗務員＋10＋α
戦車6台か車20台　兵士は２００人ＯＫ
船は日本の港ＯＫ〉

港はどうやら新潟港を想定していたらしい。買収した石川県の鉄工所の工作機械を利用して製造したＡＫ47を上陸した兵士らに持たせて、首都・東京をねらうつもりでいた。さらに、こんなものまで購入を検討していたとみられる。

〈戦車　Ｔ72
シュミロフのライン
中古　20～30万ドル
新品　約百万ドル
政府の使用許可書〉

荒唐無稽に過ぎると思われるかもしれないが、教団の武装化が単なる絵空事でない証左として、九四年五月にロシアから軍用ヘリのＭｉ17一機を購入したことが挙げられるだろう。サリンを首都上空から大量散布する計画だったという。

混乱を起こして首都機能が麻痺した隙に乗じて、兵士らが首相官邸などを占拠、オウム真理教による政府を樹立する。それが彼らの政権転覆計画だった。

しかも、戦闘やサリンの散布によってダメージを受けた兵士や信者を救護するためのアジトとなるマンションまで、都内に数か所確保していた。

早川のノートには、サリンのことが「サッチャン」との隠語で記され、ロシアにおける化学研究の権威であるメンレーフ化学研究所や細菌学の研究者にアプローチしていたことも窺える。

教団の諜報省大臣だった井上嘉浩《いのうえよしひろ》がのちに裁判で証言したところでは、ロボフに打診して研究機関に手配してもらい、サリンプラントの図面やサリンの生成方法を得ることができたという。

早川ノートにもロボフはたびたび登場する。

〈ロボフさんがスポンサー
ヘリコプター　戦車などたくさんもっている〉

〈ロボフらにポラロイドカメラ、クロスのボールペン、ウォークマンを〉

ロボフへの土産まで細かく記録をつけていたことがわかる。

当のロボフは、地下鉄サリン事件後に「多額の賄賂を受け取ったのではないか」とロシアのメディアに追及されると、こう居直った。

「麻原と会ったのは事実だが、そんなに好ましからざる人物なら日本政府はなぜ私に警告してくれなかったのか」

さらに、日本での裁判で賄賂を渡したとの証言が相次ぐと、ロシアの検察当局がロボフへの聴取に乗り出すが、「オウム真理教に何も提供したことがないし、見返りに金を受け取ったこともない」と全面否定されてしまう。

一方、プラントの図面を入手したオウム真理教は、九三年八月には上九一色村の教団施設内にサリンの製造実験のための「クシティガルバ棟」を建設。この年の一一月、一二月と二度にわたっていずれも八王子市内で創価学会の池田大作氏をサリンで暗殺しようと企てたが、警備担当者らによって阻まれた。翌九四年末にはほぼサリンプラントが完成するに至っている。

教団の武装化はすでに極めて高度なものになっていた。さらに恐るべきは、早川ノートに記載された次のひと言である。

〈核弾頭いくらか〉

核武装など妄想だと一笑に付すべきところだが、早川らはオーストラリアでウランの有力な鉱脈の近くにある広大な農場を購入している。

なお、この農場ではサリンを動物に対して使う実験をしていた可能性もある。オーストラリア連邦警察の調査では、この農場から死亡したヒツジ二九頭が発見され、また近くの土壌からは上九一色村の教団施設周辺で検出されたものと同じ有機リン系化合物が検出されたという。

早川ノートには、さらに、〈人形とうげ→調べる〉との記述もあった。人形峠とは岡山県と鳥取県の県境にある峠で、かつてウランの採掘や精錬が行なわれていた場所である。

実際、早川は前掲書で国内でもガイガーカウンターを持ってウラン鉱山を探索したと証言している。

早川ノートは次の言葉で締めくくられていた。

〈'95　11月↓戦争〉

もはや戦慄を覚えるより他なかった。

それまで国家の安寧や社会の秩序を脅かす団体の捜査に幾つも関わってきた私だが、ここまで明確に政権転覆の意思を示し、しかも具体的に武器の準備に向けた動きを活発にしていた事例を他に知らない。

地下鉄サリン事件を起こした彼らは、ただ捜査の攪乱を狙っただけではない。もっと長大かつ大胆な計画のもとに国家権力を掌握し、彼らの王国を築くきっかけにしようとしていたのである。

そして、その兆候を公安調査庁をはじめとする日本の当局は、事前に摑みきれていなかった。

地下鉄サリン事件の前年六月に長野県松本市で教団によりサリンが散布され、八人が死亡する事件があった。当初、警察やマスコミは事件現場近くに住む無実の会社員の男性を犯人扱いしたことから、のちに大きな問題となった事件である。

じつはこの事件の二か月前に出た教団の機関誌に、当時は専門家以外には全く知られていなかったサリンについて触れた記事があったという。これに気づいた公安調査庁の職員がいたようだが、長官だった私のもとまで情報が上がってきてはいなかった。

私が把握していたのは、教団施設が建ち並ぶ上九一色村がある山梨県の公安調査事務所から、オウム真理教が不可解な動きをしているとの報告のみだった。それは、教団施設の周辺で異臭騒ぎがあり、地元の住民と教団が揉めているという内容だった。

まだ教団についての情報が少なく、国家転覆計画を把握したのは、地下鉄サリン事件の後のことだった。

抜かずの宝刀

早川ノートを内密に見せてもらってからオフィスにとって返すと、私はただちに公安調査庁を挙げて教団の調査に取りかかるべきとの考えを強くした。それは団体規制請求を視野に入れてのものだ。

団体規制請求とは、破壊活動防止法（破防法）に基づいて公安調査庁に与えられている権限のひとつで、暴力主義的な破壊活動を行なう危険性がある団体の調査を行ない、規制の必要があると認められる場合には、公安審査委員会に対してその団体の活動制限や解散に向けた請求を行なうことをいう。

公安調査庁には警察のような強制捜査権も逮捕権もない。その代わり、破防法に基づく団体規制請求は大きな強制力を持つ。その力ゆえに、発動には高いハードルが課せられており、それまで一度も請求が行なわれたことがなかった。しばしば「抜かずの宝刀」などと揶揄《やゆ》されてきた所以《ゆえん》でもある。

例えば、昨今、統一教会（世界平和統一家庭連合）をめぐる問題で注目された宗教法人法に基づく解散命令の場合は、仮に命令が出ても任意団体としての活動を続けることはできる。しかし、破防法に基づいて解散命令が出た場合は、団体としての活動が一切禁止される。信者の勧誘、ビラまき、刊行物の発行、集会、等々が不可能となり、まさに団体の息の根を止めることができる。

それゆえに、破防法の第二条で「公共の安全の確保のために必要な最小限度においてのみ適用すべきであって、いやしくもこれを拡張して解釈するようなことがあってはならない」と適用にあたって拡大解釈することが禁じられ、さらに第三条で、団体の規制や調査について、「思想、信教、集会、結社、表現及び学問の自由並びに勤労者の団結し、及び団体行動をする権利その他日本国憲法の保障する国民の自由と権利を、不当に制限するようなことがあってはならない」と戒めている。

団体規制請求を行なうためには、まずその団体が過去に暴力主義的な破壊活動を行ない、将来も行なうあきらかな恐れがあることを調査によって明らかにしなければならない。公安調査庁がそれまでに「調査対象団体」に指定していたのは、日本共産党や左右両極にある過激派団体、そして朝鮮総連である。

だが、宗教団体であるオウム真理教を新たに調査対象団体に指定することには、困難も予想された。宗教団体の調査に大がかりに乗り出すのは、それまでに前例がなく、憲法が定める信教の自由を脅かすものとの批判が考えられたためである。

それでも私は躊躇《ちゅうちょ》してはならないと考えた。その実現可能性の是非とはともかくとして、教団はまさに暴力をもって国家転覆を図ろうとした団体である。

早くも四月一一日の参議院決算委員会で、私は「団体規制が行ない得るかどうかは、団体の活動として暴力主義的な破壊活動が現に行なわれたということと、さらにそれが将来、継続または反復して行なわれるおそれが明らかであると認めるに足る十分な理由がある場合には、その団体の設立の目的や性格などを一切問わずに、いかなる団体をも適用の対象となると考えています」と答弁し、宗教団体であるか否かは問題ではないと示してみせた。

この時の決算委員会では、団体規制をめぐるくだりに続いて、「公安調査庁としても（オウム真理教による）事件に重大な関心を持って目下情報収集に努めているところです」と答弁を付け加えたところ、翌朝の一部の新聞に「オウムに破防法も　公安調査庁長官検討」との見出しの記事が出た。

この記事が出た日、早速、官房長官会見で記者から質問が出た。政府として破防法の適用を考えているのか。これには当時の五十嵐広三官房長官は、「考えていない」と述べた上で、

「（破防法適用の）検討ではなく、研究しているという意味で話したと思う」

そう答えている。

当時は、自民党、社会党、さきがけの三党による連立政権となった村山富市内閣の時代である。首相の村山氏だけでなく、官房長官の五十嵐氏も社会党出身だ。社会党は五二年に破防法が制定された当時からこの法律に反対してきた歴史があり、その適用には極めて慎重だったのだ。

それでも私は四月二六日の衆議院法務委員会で、さらに踏み込んで答弁した。

まず破防法の適用を想定するにあたり、前提として個々の事件の事実関係の解明と、そ

の行為が団体の行為として行なわれたことの解明を進めなくてはならないことを説明した上で、こう述べた。

「個々の事件の解明が進めば、おのずから団体の行為として行なわれたことも解明されるものと認識し、重大な関心を持って情報収集に努めており、これら事実の解明を受けて破防法の適用を検討することになると承知しています。

公安調査庁といたしましても、一連の事件は公安上憂慮すべきものと認識し、重大な関心を持って態勢を組み、情報収集に努めているところでございます」

与党内では社会党のように慎重論もあった一方で、自民党を中心に団体規制請求を積極的に進めよとの意見もあり、公安調査庁の出方に注目が集まった。

まずは実態の解明を急がなくてはならないと考えた私は、五月に入ると、全国の公安調査局や公安調査事務所のトップが一堂に集まる会議を招集。「これまで重点を置いてきた共産党などの団体への調査から、思い切ってオウム真理教の調査に重点を移すように」と檄を飛ばした。

すでに地下鉄サリン事件から七日後に、緊急で内部資料「オウム真理教に関する組織と不法事案について」を作成し、教団の組織や機構、教義、拠点、構成員名簿などをまとめていた。七五ページからなるこの資料では、まだ一般に知られていなかった幹部ら五三人の名簿を載せたが、そのうち半数ほどのみにしか写真や教団名（ホーリーネーム）が付されていなかった。

この急ごしらえの資料をもとに全国の調査官にさらなる調査を指示し、五月一五日には教団についての資料の決定版ともいうべき「オウム真理教の実態」をまとめた。

その翌日には教団を正式に調査対象団体に指定。この日は上九一色村の第六サティアンに隠れていた麻原が逮捕された日でもあった。高さわずか五〇センチの細長い棺桶のような隠し部屋にいた麻原は、発見した捜査員に「麻原か」と尋ねられると「はい」と小さな声で答えたという。

この頃には公安調査庁の長官である私にも警察の警備がつくようになった。オウム真理教による万が一の攻撃を警戒してのことである。長官の官舎には朝晩の出退勤時に警察官が張り付き、日中も巡回するようになった。

ただ、侵入者を警戒するための装置を警視庁が官舎の周りに設置してくれたのはいいが、塀の上の猫にも反応するような感度の高いもので、そのたびに所轄署《しょかつしょ》から安否を確認する電話がかかってくるのには閉口した。

過去の歴史を遡ると、公安調査庁に破防法に基づく団体規制請求を行なうよう求める声が高まった時期は幾度かある。

例えば、八四年九月に中核派が自民党本部に放火した事件の際や九〇年一一月の大嘗《だいじょう》祭《さい》を前に同じく中核派が皇室関係施設へのテロを重ねた時などだ。しかし、団体規制請求を行なうに至っていない。

いずれも私が公安調査庁に在職していた時期ではないため、詳細は承知していないが、その理由は、中核派の軍事部門について公安調査庁の調査でも実態の解明が十分にできず、規制請求を行なうだけの材料が揃わなかったということにあるようだ。

また、団体規制請求を行なうかどうかの判断は、本来は長官たる私の専権事項だが、公安調査庁は法務省の外局に位置づけられ、長官以下の幹部は検事であることから、水面下では法務省や検察への根回しが必要となってくる。

この法務省や検察への根回しでは、地下鉄サリン事件がもたらした事態の深刻さから、規制請求を行なうことにさして反対論は出なかったと記憶している。

そうなれば、次は首相官邸や自民党への根回しである。連立与党でもあった社会党への根回しは先ほども述べたような事情から見送り、自民党の総務会に出て団体規制請求の手続きに入ることの必要性を訴えた。

当時は、国内の治安を担当する国家公安委員長が野中広務氏だった時期である。

野中氏は四月二五日の記者会見で、オウム真理教への捜査に関連して、「国家そのものが危機に瀕しているという意識がある。劇画を見るようだが、向こうも国家体制をとってやっていると推測せざるを得ず、国と国との戦いという感じがしないでもない。国家の安全と財産を守るため、組織を挙げた対応をしていかねばならない」と強い危機感を示していた。

その後も「(宗教法人法上の）解散をもって即解決ではない。一政治家としては破壊活動防止法の適用が必要と考える。そうでない限り、教団施設撤去などできない」と述べて、団体規制請求は必要との立場を取っていたことは、頼もしかった。

野中氏とは直接やりとりすることはなかったが、『聞き書　野中広務回顧録』には、村山首相に対して〈破防法というのは抜かずの名刀で、抜いたことがないじゃないか。こんな時こそ、破防法が竹光なのか真刀なのか、抜いてみないとわからんから、やってみてくださ い〉と説得したことが明かされている。

だが、永田町やマスコミには「破防法が定める『破壊活動』とは、政治目的がなければならない。宗教団体であるオウム真理教に破防法を適用するのは馴染まない」などの反対意見が燻《くすぶ》り続け、村山首相も「慎重の上に慎重を」と述べていた。

しかし、宗教団体であろうと、オウム真理教が現在の社会秩序を暴力で覆《くつがえ》し、教祖である麻原彰晃を独裁的な主権者とする祭政一致の国家である「シャンバラ」を打ち立てることを計画していたことは明らかだ。

麻原の教義を信じる信者は依然として多く、少なくない財産が残されている状況では、いつ再び凶暴な集団になるかわからない。国家の安寧や社会秩序を守るために、教団への団体規制請求を実現しなくてはならないと一歩も引かない覚悟でいた。

麻原奪還計画

ところが、その実現を果たす前に九五年七月末の異動で仙台高等検察庁の検事長に私が転進することが決まった。全国に八人いる高検検事長は天皇陛下の認証官である。皇居正殿・松の間での認証官任命式に臨むと、陛下から直接お言葉をかけて頂いた。

「重任、ご苦労に思います」

御璽《ぎょじ》の押された官記を受け取ると、感激を覚えないわけがなかった。

司法修習一二期の同期の中で検事長に就任したのは、私が一番乗りであり、その後も同期からは私の他に検事長となる者はいなかった。それは私の二期前の先輩たちがとびきり優秀な検事ばかりで、検事長のポストがずっと埋まっていたからでもあるが、それでも長年の検事としての仕事ぶりへの評価だと思えば、喜びもなおさらである。

しかし、官邸への根回しをはじめ、教団へのさらなる調査、そして団体規制請求に向けた手続きなど、多くのことを後任の杉原弘泰《すぎはらひろやす》氏に引き継がざるを得なくなったことには、忸怩《じくじ》たる思いがある。

杉原氏をはじめとする公安調査庁は、大変な苦労の末に、公安審査委員会に請求するところまで持ち込んだが、九七年一月に請求は棄却されてしまう。団体規制の要件のうち、「将来にわたって暴力的破壊活動を繰り返して行なう明らかな恐れ」の立証が十分でなかったことが理由とされた。

棄却がされた時、私は仙台高検からさらに異動して広島高検の検事長となっていたが、「意外だ」と感じたことを憶えている。なぜ公安審査委員会の委員らは、教団に対する規制の必要性を理解しなかったのだろうか。なんとも残念である。

その後、適用までのハードルがあまりに高い破防法とは別に新たな法律によってオウム真理教への規制を進めようとの気運が高まり、九九年一二月に無差別大量殺人行為を行なった団体の規制に関する法律（団体規制法）が制定された。

オウム真理教から分かれた三つの団体に対して観察処分が認められ、団体には役職員や土地建物、資産などについて三か月ごとに公安調査庁長官に報告することが義務づけられた。さらに公安調査庁は必要に応じて立入検査を行なうことができるとされた。以来、三年ごとに観察処分が延長され、現在に至っている。

この間、二〇〇〇年には東京拘置所にいた教祖・麻原を奪還するために日本で爆弾テロを企てたとしてロシア人信者らがロシア当局に逮捕されるという事件もあった。主犯だった男の信者の名を取って「シガチョフ事件」と呼ばれる。

ドミトリー・シガチョフは、九三年に教団モスクワ支部の信者になったとされる。地下鉄サリン事件を機にロシアでオウム真理教の活動が禁止される中でも地下に潜って信仰を続け、九八年頃に麻原の奪還を思い至る。

日本の教団関係者らとオーストリアのウィーンなどで接触して一二〇〇万円相当の資金援助を受けると、それをもとに闇市場で拳銃や自動小銃、TNT爆弾などを入手。ボクシング用のサンドバッグに詰めて極東のウラジオストクに運んだ。

計画では、〇〇年七月に開かれた九州・沖縄サミットにあわせて東京や青森で爆弾テロを起こし、麻原らの釈放を要求するとされていた。当時の森喜朗首相に宛てて出すつもりだった脅迫状には、「尊師の健康が損なわれたり、生命に異常があった場合は、日本を血の海に沈める」とある。モーターボートで麻原をロシアまで運び、ウラジオストクからアムール湾を挟んで対岸にあるスラヴャンカに用意した隠れ家に匿《かくま》うつもりだったという。計画の実行のために、日本で下見も行なっており、事前に小菅《こすげ》の東京拘置所や上野、渋谷などの繁華街を見て回っていたことが明らかになっている。東京拘置所の前で撮った写真が押収されたが、その裏には「この壁の向こうに尊師がいる」と書かれていたという。

結局、サミット開催を前に日本側と情報交換をしていたロシア連邦保安庁（ＦＳＢ）がシガチョフの自宅などを強制捜査。大量の武器が出てきたことからメンバー三人が逮捕され、シガチョフは禁錮八年の実刑判決を受けた。

シガチョフのテロ計画は、オウム真理教から改称したアレフが警視庁に通報したことから日本当局も端緒《たんしょ》を摑んでおり、シガチョフがサミット開催の一か月前に新潟空港から入国しようとした際には、入国管理官や警察官に取り囲まれて任意で事情聴取を受けている。

いずれにせよ、麻原を盲信する信者らがその後も存在し、大量の武器が闇で不法に流通するロシアと結びつけば、国家にとって重大な危機につながりかねないことを改めて浮き彫りにした事件だった。

公安調査庁は国内外の治安情勢について毎年公表する『内外情勢の回顧と展望』の最新版にあたる令和六年版で、オウム真理教について特集を組んでいる。そのなかでその現状についてこう述べている。

〈オウム真理教は、現在「Ａｌｅｐｈ《アレフ》」、「山田らの集団」（以上「主流派」）、「ひかりの輪」（「上祐派」）の主要3団体を中心に、全国に30の拠点施設を設け、約1、650人の構成員を抱えて活動を続けている。いずれの団体も、麻原に絶対的に帰依するなど、依然として無差別大量殺人行為に及ぶ危険な体質を有しており、現在も観察処分に付されている〉

二〇二五年で地下鉄サリン事件から三〇年が経ち、事件の風化も懸念される。だが、シガチョフ事件を引き合いに出すまでもなく、危険は完全に消え去ったわけではない。オウム真理教から分かれた団体への監視は今後も怠ってはならないと考える。

事件の翌年、地下鉄千代田線の霞ケ関駅のコンコースに犠牲者を追悼するプレートが設置された。そこには、果敢にも車内からサリンが入った袋を取り除いて乗客の命を守りながら殉職《じゅんしょく》した二人の駅員の名前が刻まれている。

そのプレートの前に立ったびに、治安とは名もなき英雄たちの尊い犠牲の上に成り立っていることを思い起こさずにはいられない。それは次章以下で明かしていく数々の公安事件でも同じである。

第二章　新宿騒擾事件

日米安保条約の改定に反対して数十万人が永田町を取り囲んだ一九六〇年の安保闘争では、革命前夜を思わせるほど緊迫した情勢となるが、その収束後は左翼運動もいったんは沈静化する。しかし、武装闘争路線を放棄した日本共産党に飽き足らず、より過激な闘争を求める新左翼の学生グループが現れるようになると、彼らは共産党の青年組織である民青（民主青年同盟）と対立しながらも、六七年一〇月の羽田闘争や六八年三月の米軍王子野戦病院開設阻止闘争などの街頭闘争を繰り返した。相次ぐ公安事件の発生に、すでに五七年に東京地検に公安部を発足させていた検察は、局面の打開策として五二年五月のメーデー事件や、六月の吹田《すいた》事件以来、長く封じ手としていた騒擾《そうじょう》罪の適用に向けた準備を進めていく。

そんな中で大規模な衝突が予想されたのが、六八年一〇月に予定されていた新宿駅前でのベトナム戦争反対の集会だった。

満州からの引き揚げ

「あれは違うんだよ。あれは本当の金日成《キムイルソン》じゃないんだ」

まだ大学生だった頃に父・緒方浩からそう聞かされたことがある。金日成とは言わずと知れた北朝鮮の最高指導者だった人物だ。なぜ父がそんなことを言うのか。それを説明するには、私たち一家の満州体験について触れなくてはならない。

私の父は福岡県に生まれた。中央大学の法科を卒業後に検察官となり、名古屋や金沢、東京などの検察庁での勤務を経て、一九三九年に母や兄、姉、私を引き連れて日本陸軍の傀儡《かいらい》国家だった満州国の首都・新京に赴任した。

満州国の最高検察庁の思想担当検事となった父の任務は、各地に跋扈《ばっこ》する匪賊《ひぞく》の討伐に取り組むという、今なら考えもつかないようなものだ。そのため、満州国に駐留する関東軍とともに各地を巡った。

匪賊と言っても、盗賊のような輩《やから》もいれば、日本による支配に抵抗するパルチザン（非正規軍）のようなのもいる。中国人だけでなく、鴨緑江《おうりょくこう》を越えて朝鮮半島から流れてきた朝鮮人もいた。北朝鮮の正史では、そのリーダーの一人が建国の父となった金日成だとされる。神出鬼没な活動で関東軍や満州の官憲を苦しめたという。

だが、父に言わせると、当時、討伐しようと追いかけていた金日成は別人だというのだ。父はこの話を、韓国の『中央日報』論説委員を経て成均館《ソンギュンガン》大学教授となり、金日成研究で知られた李命英《イミョンヨン》氏により詳しく説明していたようだ。

李氏が七六年に日本語で出版した『四人の金日成』には、父が満州で追いかけていた金日成について語った部分がある。少し長くなるが、以下、引用してみたい。

〈金日成に関しても、詳しい情報が入っていた。敗戦になったとき、関東軍の文書は全部焼捨てられ、残ったのはソ連軍がみな持って行ってしまって、今は確かめるすべがないが、関東軍の第四課には、匪賊の頭目たちの人的状況を詳しく記したカードが作成されていた。金日成は韓国人で、三十四、五歳（一九四〇年現在）であったと記憶している。金日成の顔に対しては、今も記憶にはっきり残っている。北部参謀の配下の工作隊が、写真を入手して、討伐司令部に報告してきたのである。

（中略）身の丈五尺四、五寸ほどの小さな男で、顔は貧相で眼鏡をかけていた。眼鏡は偽装用ではなく、酷い近視であったのでかけているということを確かめた。

（中略）私たちは、毎日のようにその写真をにらみつけて、こいつだけ捕えれば済むんだ、と構えていた顔なので、今もよく憶えている。私は一九四六年、満州から歩いて北韓を通って引き揚げたが、そのとき平壌《ピョンヤン》に寄ったとき、通りのいたる所に、今北韓の執権者である金日成のポスターが貼ってあり、それを見てびっくりしたものだ。私たちが討伐していた第二方面軍長の金日成とは、全然別の人なので驚いた。爾来《じらい》私は、北韓の金日成は、ニセの金日成だと固く信じている〉

父の証言の通りだとすると、関東軍が把握していた金日成は「身の丈五尺四、五寸ほどの小さな男」だという。つまり身長は一六三センチから一六五センチということだ。だが、北朝鮮の最高指導者となった金日成は身長が一七三センチほどあったと見られる。やはり辻褄《つじつま》が合わないということになる。

金日成は、戦時中、満州にいたのではなく、ロシア極東のハバロフスク郊外に駐屯《ちゅうとん》するソ連軍部隊・第八八独立狙撃旅団の大隊長だったというのが現在では定説だ。日本の敗戦後に朝鮮半島北部を占領したソ連軍によって連れて来られた後に、満州での抗日活動で英雄となっていた金日成に化けたとみるべきなのだろう。

父は最高検での匪賊討伐の任の後、満州国の総務庁企画処の第一部長となる。総務庁といえば、戦後に首相となる岸信介が次長を務めた満州国の中枢である。同時に満州国の最高学府である建国大学で治安政策について教鞭《きょうべん》をとることにもなった。

建国大学は「五族共和」の理想を具現する教育機関として日本人のみならず、漢民族や朝鮮民族、満州族、モンゴル族にも門戸が開かれていた。私たちが暮らす官舎にはいろんな民族の学生が訪ねてきて、一緒に遊んでもらったことを憶えている。

そんな満州での生活は米国との戦争が敗色濃厚になるにつれて、徐々に陰鬱なものとなっていく。四五年八月に入ると、父は私たち家族に先に引き揚げるよう指示した。

米英ソ三か国の首脳によるヤルタ会談で対日参戦を約束したソ連軍が満州になだれを打

って押し寄せてきたのは、八月九日未明のことである。父は職責上、ソ連軍の動向をいち早く摑むことができたのだろう。

父は満州に残り、家族だけがひと足先に引き揚げることになり、荷馬車でまず吉林を目指した。新京を出るにあたり、父から兄と私は、いざとなればこれで母と姉を守るようにとピストルを持たされた。私がまだ一一歳の時のことである。

玉音放送は吉林で聞いたが、ラジオのスピーカーから聞こえてくる音は途切れ途切れで、正直に言ってよく分からない。どうやら日本が負けたようだということは把握できたが、ただただこれからどうなるのだろうと不安ばかりが募《つの》った。

吉林から闇夜に紛れて貨物列車に乗り込むと、そのまま一週間ほど揺られて朝鮮半島北部の平壌にたどり着いた。貨車の出口にはミカン箱が置かれ、その中には手榴弾が入っていた。万が一、敵の手に落ちるようなことがあれば、自決しろということである。

平壌からさらに列車に乗り継いでようやく釜山《プサン》に着いた。途中すれ違う機関車には、新しい国旗が誇らしげに飾りつけられ、朝鮮の人たちが解放の喜びに浸っていることを実感させられた。かたや私たちは必死の思いで日本へと逃げ帰っていくのだ。

釜山からどうやって日本に渡るのか。母には何かアテがあるわけではなかったが、ここまで着けばなんとかなるだろうと考えていたようだ。事実、私たちが釜山に着いて数日後には、日本から朝鮮にいる父母などの元に戻る人たちを乗せてきた船が、帰りに日本人を乗せることに急きょ決まった。私たち家族も他の日本人引き揚げ者たちとともに船内にぎゅうぎゅう詰めになること一昼夜。霧雨に煙る山口県の仙崎《せんざき》港に着くことができた。

そこには広漠荒涼たる満州の大地と違って、小さな山々が連なる緑豊かな風景が広がり、穏やかで心休まるような優しさを覚えた。

ああ、助かった、やっと日本に帰ることができたとの喜びに思わず涙した。父と離れてから一か月経っていた。もうこれ以上逃げる先などない。この美しい祖国だけはなんとしても守らなければならない。少年ながらにそんなことを思ったものだ。父は私たちから遅れること二年でようやく帰国してきた。先に引用したインタビューにあるように、どうやら満州から歩いて帰ってきたらしく、途中、朝鮮半島の国境を流れる鴨緑江を泳いで渡るなど大変な思いをしての帰還だったようだ。

私が検察官、わけても公安部門を歩むことになった原点は、この一一歳の時の引き揚げ体験にある。国が崩壊し、秩序が失われれば、そこに暮らす人たちがどれほど不幸な境遇に陥るのか。これを実体験として知った私は、公共の安寧や社会秩序の維持を守ることを強く意識するようになった。

調書にバッテン

私が検察官に任官したのは、六〇年のことだ。父と同じ道を歩むことになったのである。治安や秩序を守るという意味では裁判官に任官することも考えられた。だが、司法修習生時代に家庭裁判所で実務修習をした際に、家裁のキャップである裁判官と衝突してしまう。少年審判の実務修習だったのだが、その裁判官は私たちの見ている前で、「これは君が持っていたものか」と証拠物のナイフをことさらに見せびらかすようにして取り調べをやっていた。これには思わず反感を覚えた。あんな取り調べのやり方は、その後に検事になってからもやったことがない。

実務修習の最後に感想を述べよと言われて、私は真っ先にこのことを指摘した。

「あんな審判があるんですか。少年は嫌がっていました。それなのにナイフをことさらに見せびらかすなんて」

そう批判すると、キャップは顔を真っ赤にして「長幼の序あり、という言葉を知らないのか！」と怒り出した。修習生のくせに生意気だと言いたいのだろう。

一緒に修習を受けた修習生たちが私に加勢をしてくれたが、とにかくこの一件で、私は裁判官への幻滅を強く覚えてしまう。かくして私は検察官の道を選ぶことになった。

任官した六〇年といえば、言うまでもなく安保闘争の年である。

この年の四月から六月にかけて、岸信介内閣が進める日米安保条約の改定に反対する共産党や社会党、労働組合、そして学生らからなる数十万人のデモ隊が、国会周辺を埋め尽くした。六月一五日には、国会に突入しようとしたデモ隊と警視庁の機動隊が議事堂の正門前で衝突し、東京大学の女子学生の樺美智子《かんばみちこ》さんが圧死するという悲劇も起きている。

革命前夜とも言うべき騒然とした世情のなか、条約の改定案は強行採決によって衆議院こそ通過したが、参議院での審議は混乱により不可能となる。

デモのピークは条約が自然成立する六月一八日から一九日にかけての晩だった。首相官邸を取り囲んだデモ隊は三〇万人以上に上ったとされ、警視総監は警備に自信が持てないとして官邸からの退避を求めたが、岸首相が「条約改定が実現するのなら、殺されようがどうされようが構わない」と述べて官邸にとどまったことは、よく知られている。

この動乱の年、新人検事の私は東京地検の刑事部で見習いとなった。

デモ隊の一部が警視庁に突入を図ろうとした時には、私たち新人検事ばかりでその様子を見に行ったこともある。当時の警視庁は現在の庁舎に建て替えられる前の六階建てで、彼らはその入り口をどんどん叩き、突入させまいと必死の機動隊と激しく衝突していた。

警視庁は法務省や東京地検からは桜田通りを挟んで向かい側にあるが、デモ隊のあまりの数の多さに近づくことすらできない。デモ隊だけでなく野次馬も大勢いて、皇居の桜田門のあたりには屋台が出ているほどだった。

条約の自然成立から四日後には岸首相が混乱の責任を取って辞職を表明した。後を継いだ池田勇人首相が所得倍増計画を掲げて経済成長を優先する姿勢を示すと、いったんは治安情勢も収まるかに見えた。だが、翌年には共産主義革命を懸念する元軍人らを中心にしたクーデター計画の「三無《さんむ》事件」が発覚するなど、不安定な世情は続いていた。

私は六〇年一二月に東京地検での見習い期間を終えて甲府地検に配属となった。緊張感のあった東京とは違ってのんびりした雰囲気があり、ここでひったくりや恐喝から選挙違反、さらには暴力団組長が絡んだ凶器準備集合・殺人未遂事件まで、幅広く担当した。地元紙の記者らとも大いにつきあい、よく飲んだものだ。

駆け出しの私に供述調書の取り方を叩き込んだのが、甲府地検の次席検事だった塚谷《つかや》悟《さとる》氏だ。

塚谷さんは私が書いた調書に覆《おお》い被さらんばかりにして隅から隅まで目を通し、ここが聞き足りない、この部分は本当かなどと細かく指導をしてくる。言われると、なるほど聞いていなかったということが多い。とりわけ共犯がいる時などは、その部屋の状況はどうだった、それに対して相手はどんな顔をしたかなど微に入り細にわたり聞いておかないとダメだと口をすっぱくして言われたものだ。

家に帰れば家庭的な人で、家事にあまり熱心でない奥さんに代わってよく掃除をやっていた。私の子どもたちの子守りまでお世話になったほどだ。

調書といえば、東京地検の刑事部や公安部で副部長を務めた武田昌造《たけだしょうぞう》氏はすごくやかましく、公安事件の被疑者の取り調べでは、ただ「機動隊に向かって石を投げました」という調書ではダメだと怒られてしまう。どこにあった石をどう持って、どこに行き、部隊のどこのほうへ、何番目に向かって投げて、その結果、どうなって、どう逃げたかと、まるで分解写真を撮るように克明に調書をとらないとバッテンをつけられた。

往々にして、デモ隊と機動隊の衝突の時など大混乱の中で投石をするケースが多いものだ。それなのに被疑者に「詳細に思い出せ」と迫っても、どだい無理がある。そんな調書を取ろうとすると、どうしてもある意味で作文のようになってしまう。

塚谷氏にも克明に聞き取って調書にするよう指導されたが、それはあくまでも常識の範囲内でのことだ。武田氏は異常なほど分解写真に執着した。

その背景には、メーデー事件の公判を担当したことがあったものと思われる。メーデー事件とは、サンフランシスコ講和条約で日本の独立が認められて最初のメーデーとなった五二年五月一日、皇居前広場で共産党や朝鮮総連の前身にあたる在日朝鮮統一民主戦線（民戦）を中心とするデモ隊と警察の部隊が激しく衝突した事件である。

この事件で検察は二六一人を騒擾罪で起訴したが、確定までに二〇年近くを要した公判で、騒擾罪では全員が無罪となった。検察にとってじつに苦い経験であり、さまざまな問題を生んだと言える。この経験を踏まえて事件処理されたのが、後ほど詳しく述べる新宿騒擾事件である。

私が甲府地検にいた時の検事正は布施健《ふせたけし》氏だった。戦前からの検事で、ゾルゲ事件を手がけて評価を高め、占領下の四九年に国鉄総裁の下山定則《しもやまさだのり》氏が礫死体《れきし》で発見された下山事件では主任検事として他殺説を取ったことで知られる。ずっと後の七五年には検事総長となり、翌年のロッキード事件を指揮し、田中角栄を逮捕・起訴に追い込んだ。

とにかく布施氏といえば、めっぽう酒が強かった。歌舞伎「白浪五人男」の口上を述べるのが得意芸で、宴会の最中に「検事正、例のやつをぜひ」と声をかけられると、唐傘を掲げて「問われて名乗るのもおこがましいが、生まれは遠州浜松…」なんて始める洒脱なところもある人であった。

その布施氏は甲府地検の検事正となる以前の五七年から五八年にかけて東京地検の初代

公安部長を務めている。公安部は政治的な背景を持つ犯罪事案に対処するために新設された組織である。そこには当時の治安情勢が大きく影響していた。

戦後に活動を活発化させた共産党は、米国による占領行政が終わりを迎えつつあった五一年二月、第四回全国協議会（四全協）を開き、中核自衛隊や山村工作隊といった軍事組織による武装闘争路線を採用。翌年五月には皇居前広場での血のメーデー事件、六月には国鉄最大の貨物ターミナルだった吹田操車場を襲撃した吹田事件、七月には名古屋市内での大須《おおす》事件と、いずれも共産党と前述の民戦が中心となり大規模な騒乱事件を相次いで起こしていた。

その後、北京にいた書記長の徳田球一《とくだきゅういち》氏が死亡し、宮本顕治《みやもとけんじ》氏らが共産党内の主導権を握ると、五五年七月の第六回全国協議会（六全協）で武装闘争路線を放棄したとされるが、その後も政府の出方次第では暴力革命を起こすとする「敵の出方論」を保持し続けた。

さらに、六〇年の日米安保条約の改定が迫ると、それを阻止せんと共産党のみならず、学生や労働組合などによる運動が活発化し、各地で警察との衝突事件が相次ぐようになる。そうした状況に対して検察内では危機感が強く、その対処のために東京地検に新設されたのが公安部だった。

その後、先に述べたように、六〇年安保闘争は大規模なデモで永田町を麻痺させるが、安保条約の改定により終息し、いったんは運動も陰りを見せる。そうしたなかで、武装闘争路線を放棄した共産党の活動に飽き足らず、より過激な闘争を求めるグループが現れるようになった。

とりわけ六〇年代後半に入ると、学生らの間で大学当局との紛争が頻発するようになるが、その中心は共産党の青年組織である民主青年同盟（民青）から、むしろ共産党を批判する新左翼系の党派の学生たちへと移っていた。彼らは代々木に中央委員会を置く共産党に対して反代々木系とも言われ、党派を四分五裂させながらも過激化の一途を辿《たど》っていくことになる。

検察の大敗北

私が東京地検の公安部に配属になったのは、六八年一月のことだ。甲府地検から横浜地検、東京地検八王子支部と異動を重ね、前年には東京地検刑事部に配属となったが、一年足らずで公安部に横滑りとなった。佐藤栄作首相の南ベトナムや米国への訪問を阻止するために羽田空港で起きた羽田闘争など反代々木系の学生らを中心とする公安事件の活発化で人手がいくらあっても足りなかったのである。

当時の公安部は部長と副部長の他に検事が八人、それに副検事や事務官を合わせて合計二五人の体制だ。刑事部や特捜部に比べると小所帯だったが、それだけに団結力は高く、国家の治安を守るとの思いを共有していた。ただ、仕事は極めてハードで、週末も働き詰めだった。練馬区の大泉学園にあった自宅に戻るのは日付が変わってからとなることが当たり前。中央線の終電で吉祥寺まで着き、妻に車で迎えに来てもらったものだ。

公安部に着任して早々に関わった大型の公安事件が、米軍王子野戦病院開設阻止闘争だ。現在の北区王子本町から十条台にかけての地域にはかつて米軍の王子キャンプがあった。ここに埼玉県入間のジョンソン基地から米陸軍の野戦病院を移転する計画が明らかになると、六八年三月に反代々木系の四派（中核派、社学同、社青同、革マル派）の学生ら一〇〇〇人がキャンプへの突入を試みて警視庁の機動隊と衝突した。突入が阻まれると、学生らは都電荒川線の軌道内をデモ行進して都電の運行をストップさせたほか、王子本町の交差点付近で機動隊に投石を繰り返すなど大混乱を引き起こした。

この王子での事件にあたり、私は事務官と二人で現場に派遣された。現場派遣と言っても、警察の指揮車に便乗させてもらって踏《ふ》ん反《ぞ》り返っていたわけではない。外に出て衝突の様子を直《じか》にこの目で確認することが目的だった。

とはいえ、機動隊の後ろ側から見ていたのでは、安全ではあるがよく見えない。そこで学生の側に回ってみると、確かによく見える。怪しまれないように「石でも投げるふりをしようか」と事務官と言い合っていると、私たちのすぐそばまで盾を構えた機動隊が迫ってきた。慌てて学生たちと一緒に逃げ出さなくてはならなくなる経験もした。

検察といえば、現場での対処は警察に任せて被疑者の逮捕後に動き出すというイメージがあるかもしれない。しかし、この事件での私のように、大勢の集団による騒乱事件が予想される現場に検察官を派遣するというルールが、この頃までに公安部の中で決められていた。

これらは「公安関係集団事犯の処理体制について」と題した対処方針で取りまとめられ、とりわけ規模が大きくなることが予想される騒乱事件では、次席検事をトップとする指揮本部を設けて、公安部長ないし副部長が現場に臨場して指揮本部と連絡を取りつつ捜査方針を決めていくなどとされていた。

なぜこのようなルールが決められたのか。

ここには先にも述べた五二年のメーデー事件の公判における検察の大敗北に理由がある。事件では一二三二人が逮捕され、そのうち二六一人が騒擾罪で起訴されたが、その公判は一八〇〇回近くに上り、公判維持にあたった東京地検にとってあまりに大きな負担となった。

先の対処方針の取りまとめに当たった外村隆《とのむらたかし》公安部長はメーデー事件の公判担当だった時期もある。その外村部長は、公安部の内部文書である『公安部三十年史』でこう振り返っている

〈(メーデー事件の)被告側に乗ずる理由を与えたのは、警察官証人の供述中に虚偽があったことである。何しろ騒擾参加者7、8千名以上、出動警察官3千名以上に上り、予想外の事態に発展したので、警察の指揮系統は乱れ、全体の推移を完全に把握している者がなく、直面した現象についても記憶が混乱していた。これはやむを得ないことながら、更に、警備部隊幹部の中には、警察活動の不手際を糊塗《こと》し、適法公正かつ堂々と対処したように報告する者が多く、そのため、騒擾集団の暴行脅迫の程度態様をゆがめて報告する者もあった〉

説明するまでもないことかもしれないが、事件捜査を一次的に担当するのは警察である。証拠を集め、取り調べをし、被疑者を逮捕するのは、警察が担う。

私たち検察は、警察から送致されてくる事件について、改めて被疑者や参考人を取り調べ、証拠が不十分であれば、警察を指揮して補充捜査を行なわせることもある。それらを検討した上で最終的に被疑者を起訴するかどうか判断して、起訴すれば、それを有罪とす

るため公判の維持にあたるのが主な任務である。

東京や大阪、名古屋の地検に設置された特捜部のように検察が独自に捜査を行ない、逮捕から起訴まですべてやってしまうケースがないわけではない。検察庁法の第六条には「検察官は、いかなる犯罪についても捜査することができる」とあるからだ。私がのちに札幌地検に異動してからは、札幌オリンピックに関連してジャンプ競技の強化合宿におけるコーチの不正行為について独自に捜査をやったこともある。

ただ、それらは少人数の被疑者を相手にした事件の場合である。多人数の集団からなる公安事件の場合、検察が独自に捜査を行なうことは不可能に近い。検察は人員の数が警察よりも圧倒的に少ないからだ。警察と緊密に連絡を取りながら必要に応じて補充捜査や取り調べを行なうにとどまることになる。

すべてを警察に任せてしまうと、ミスが生じるリスクがないわけではない。どうしても警察はその場の鎮圧を優先しがちだ。外村公安部長が指摘しているように、混乱状態に陥りがちな騒乱事件では、なおのこと正確な報告や供述が警察から上がってくるとは限らない。だからこそ、現場に行き、検察官の目で事件の全容を把握することが大切なのである。

私自身も六九年六月に静岡県の伊東市で開かれたアジア太平洋協議会閣僚会議（ＡＳＰＡＣ）に反対する学生らと警察が衝突した事件に応援で駆り出された際に、こんな経験をした。

伊東に着くなり鎮圧にあたった機動隊の隊長に声をかけると、こう言ってきた。

「検事、大丈夫ですよ。今度はしっかり証拠があるのだけ捕まえていますから」

「どういうことですか？」

「いや、連中を駅裏の公園に追い込んでから凶器準備集合罪で逮捕して、ちゃんと角棒を持っているところを警察官との並列写真で押さえておきましたから」

この隊長の言葉に私は思わず、「うーん」と唸ってしまった。鎮圧後に撮った角棒を持っての並列写真だけともなれば、角棒を使って警察官を相手に暴れ回った証拠がなく公務執行妨害での起訴は難しい。角棒を持った写真すら、「持たされただけだ」と被疑者らが主張した場合はどうするのか。凶器準備集合罪すら公判は覚束ない。

結局、この事件は三五四人を逮捕しておきながら、起訴したのはわずかに一九人だった。わずか五％という異常に低い起訴率は、多くの学生らが改悛《かいしゅん》の情を示したからではない。証拠が十分にあるか厳選した結果、これだけの数に絞られてしまったのだ。

騒擾罪は八七年の刑法の一部改正で騒乱罪と改められたが、その犯罪の構成要件を大まかに言えば、一地方の静謐《せいひつ》を害するに足る「多衆（多人数）」が集合して「共同の意思」を持って「暴行・脅迫」をすることとされている。

だが、メーデー事件の公判では、被告側から、多人数で行なわれた暴行は警察に対する正当防衛が同時に行なわれたに過ぎず、共同意思は存在しなかったとする旨の主張が展開され、一審こそ騒擾罪が一部成立したものの、二審では騒擾罪の適用が破棄され、一六人に暴行での有罪が言い渡された他は無罪とする判決が出された。

これを受けて検察は上告を断念。戦後の検察史上でも例を見ない大失態となったのである。同じ五二年に起きた吹田事件でも公判が長期化し、騒擾罪について無罪が確定した。

大勢による騒乱事件では一網打尽に一斉検挙できることから、鎮圧にあたる警察とすれば、これほど使い勝手の良い容疑はないということになる。前面に出て直接暴行を行なわずに指揮をする者、声援するなど率先して助勢をする者、さらには、ただ付和随行しているだけの者も検挙が可能となるからだ。だが、メーデー事件を機に検察では消極論が高まり、騒擾罪は鬼門となってしまった。

七〇年に再び行なわれる日米安保条約の改定を前に学生運動の活発化・過激化が急速に進み、大規模な騒乱事件が多発することが予想される局面となったことで、改めて騒擾罪を積極的に適用することを考えるべきだとの議論が検察内部でも出てくるようになった。

それを受けて東京地検内に研究会が立ち上げられ、騒擾罪適用に伴う問題点を改めて整理することになった。この研究会が六八年四月にまとめた資料では、適用にあたって騒擾の主体とされる学生集団が共同意思のもとに暴行脅迫している事態が一時間近く継続したこと、共同意思の立証に必要な写真や目撃証言が揃っていること、警察官に警備上の行き過ぎや過ちがないことなどを条件として挙げたが、やはり警察の行き過ぎを抑えることに注意が向けられている。

例えば、警察には群衆に対する広報活動や現場責任者による解散警告が完全に行なわれ、挑発と取られかねない行為や検挙の際の腹いせ的な暴行が行なわれることのないよう求めることとされ、検察に無断で警察が騒擾罪での検挙を行なった場合は、不当逮捕に当たるものとして他の罪名に当たらない限り直ちに釈放させる旨を通知するとした。

4750人の機動隊員

こうして条件つきながらも再び騒擾罪を適用するための環境が整えられていくなかで、大きな焦点となってきたのが、六八年一〇月二一日に予定されていた、ベトナム戦争に反対する国際反戦デー闘争である。

前年八月に新宿駅で米軍の航空機用ジェット燃料を輸送する貨物列車が、別の貨物列車と衝突しタンク車が炎上する事故が起きていたことから、反代々木系の学生団体は「新宿米タン阻止闘争」と称して国際反戦デーに新宿駅で暴動を起こすことを早くから計画していた。

彼らは「騒擾罪をはねのけて一大武装闘争を展開する」と宣言しており、大規模な事件となることは必至とみられていた。しかも、場所は首都・東京の交通の要の新宿駅であり、駅の周囲には新宿の繁華街が広がる。一般への影響が甚大なものになるのは避けられそうにない。

当日は騒擾罪の発動もあり得るものとして、東京地検では心して構えることとなった。かねてからの対処方針どおりに、現場には検察官が派遣される。

学生らの集合場所となる新宿駅東口駅前広場は公安部の山崎恒幸《やまざきつねゆき》副部長が担当することになり、広場に面した百貨店の二幸の屋上に陣取った。のちの新宿アルタが建つ場所である。ここに警視庁の現地警備本部も設置された。

私は駅構内の担当だ。現在の東口に建つステーションビルのすぐ南にあったビルの二階の一室に警視庁警備部のナンバー2である参事官らと一緒に詰めた。ここからは新宿駅構内の線路やホームを一望の下に見渡すことができる。だが、その部屋に通じる出入り口は駅構内の線路敷の脇から上がってくる外階段のみであり、万が一、構内に侵入した学生らに見つかってしまえば逃げ場がない。

「彼らが襲ってきたらどうしましょうか？」

「その時は窓から飛び降りるしかありませんね」

そんなやりとりを参事官とした記憶がある。駅構内に面していない側の窓の下には自転車置き場があり、その屋根にならなんとか飛び降りることができそうだ。そんなことまで考えていた。

前日には学生らの移動ルートとして想定される代々木駅から新宿駅まで、線路沿いを歩いて入念に下見を済ませておいた。

警視庁はこの新宿駅の警備に一八個大隊・四七五〇人の機動隊員を配置する体制で臨んでいた。

学生らによる投石対策として、東口周辺地域の都道および区道の歩道をアスファルト舗装に切り替えるよう東京都および新宿区に申し入れて、当日の早朝までに完了させていた。さらに、東口駅前広場の近くでは線路脇に立入禁止の柵が設けられていたが、これを破壊して駅構内への侵入を図ることが予想されたため、新たに土留め工事で使われる鋼矢板を地面に打ち込み障壁を設置して侵入を防ぐことにした。

一〇月二一日、反代々木系の団体のうち、中核派は明治大学、社学同は中央大学、社青同は早稲田大学、革マル派は東京大学とそれぞれ拠点校を出発して、各自が防衛庁や国会、麹町警察署などへの襲撃を行なった。

中核派は明治大学を出発するにあたり大学前で集会を開いているが、この時に中核派全学連の幹部は、こうアジ演説をしている。

「われわれが角材を持つのは安保を阻止し、国家権力の粉砕にある。国家権力は全学連の闘いに騒擾罪を適用しようとしている。すべての学生諸君、最後まで新宿米タン阻止闘争を闘ってほしい。権力者がどんな手段を取ろうとも決して止めない」

各派のうち中核派やML（マルクス・レーニン主義派）、四トロ（第四インターナショナル日本支部）などの一〇〇〇人は午後六時頃に角棒を担いだまま御茶ノ水駅から乗車して、一部は四ツ谷駅で下車して地下鉄で新宿へと向かったが、主力の八五〇人はそのまま新宿方面に向かい、一駅手前の代々木駅で下車。代々木駅長の制止を無視して線路上に降りると、「安保粉砕」のシュプレヒコールを繰り返しながら新宿駅へと向かい、午後六時四〇分頃から新宿駅構内へとなだれ込んだ。

この時は機動隊が撃退して、学生らは構外へと逃走したが、午後七時二〇分頃から東口駅前広場に集結して座り込みや周辺でのデモを始める。そこへ続々と遅れて到着した各派の学生や野次馬らが集まり、午後八時を過ぎる頃には、学生二〇〇〇人、野次馬は一〇〇〇〇人に上ってしまう。

あらかじめ警視庁の秦野章《はたのあきら》警視総監がこの日の夕方から夜にかけては新宿駅周辺に近づかぬようにと談話を発表したにもかかわらず、騒乱を一目見ようと集まった野次馬が混乱に拍車をかける。東口駅前広場から新宿通りは人でいっぱいとなり、約二km先の伊勢丹のあたりまで人で埋まっていたという。

放火

集まった群衆の興奮が極限に達した午後八時四〇分頃、東口線路脇に侵入防止障壁として設置した鋼矢板や西口との連絡用通路（いわゆる小ガード）上に設置された映画の大看板を破壊する動きが始まる。中核派は鋼矢板を角材や丸太で破壊しようとしたが、こちらは容易にはいかなかった一方で、大看板はＭＬの学生らによって簡単に破壊されてしまう。

そこが突破口となり、続々と学生らが構内に侵入すると、待ち構えていた機動隊との間で激しい衝突が繰り広げられた。一進一退の攻防が続き、学生らを構外へと押し返すこともあったが、午後九時過ぎに一〇〇〇人近い革マル派が麴町から新宿東口に到着したあたりから一挙に機動隊が防戦一方に回るようになる。

この頃には東口周辺の学生らは四〇〇〇人、野次馬は一万五〇〇〇人にも膨れ上がっていた。すでに鋼矢板も数か所で破壊されており、午後九時八分、大挙して学生が構内になだれ込み、二番ホームの甲府行きの電車、三番ホームの高尾行きの電車の窓ガラスの大半を破壊し、座席シートや消火器などを持ち出したばかりか、停車していた貨物列車の上によじ登ったり、信号機二〇か所を破壊したりした挙げ句、構内に備え付けの信号筒を発火させて気勢を上げた。駅舎まで破壊し、まさにやりたい放題である。

学生らは逃走する機動隊を追って南口から甲州街道の陸橋の上まで出てきて、機動隊に激しく投石し、甲州街道上にバリケードを構築するに及んだ。日本最大のターミナル駅である新宿駅の構内の全域が占拠され、中央線や山手線をはじめ首都の鉄道網が麻痺する事態に陥った。

新宿駅構内が学生らだけでなく、野次馬らあらゆる人たちで占拠されて、大混乱となった様子は、以下の記事が雰囲気をよく伝える。

〈鉄塀を越えて、あるいは高架の石垣をよじのぼり、あるいはハシゴをかけ、そして大きく穴の開いた看板から、本を小脇にかかえた学生風の若者、カバンをさげ、ネクタイ姿のサラリーマン、新宿のアンチャン、フーテン、酔漢、職人、工員、運転手、私服あらゆる人達が、線路を埋めた。そのほとんどが二十代半ばも越えない若者たちの群れだった。ニッカズボンをはいた男は「オレは学生じゃないから危なくないだろう」と、真顔でつぶやく。線路へ侵入することは鉄道営業法違反であること、逮捕の理由になることをなにも知らない〉(『中央公論』六八年一二月号「ドキュメント構成　新宿・十月二十一日」)

この間、私は駅構内を見渡せるビルの一室から事態の推移を見守っていた。東口に配置された正規の機動隊と違って、駅構内は方面機動隊だ。各方面管内の所轄署に勤務する警察官から組織した臨時の部隊で年配者も少なくない。若く体力があり余っている学生らを相手に蹴散らされるありさまだった。

そばにいた警視庁警備部の参事官からはこう詰め寄られた。

「検事！　これはもう明らかに騒擾状態です。すぐに騒擾罪を適用してください！」

すでに東京地検と警視庁の間の申し合わせで、検察への断りなしには、騒擾罪を適用しないこととされていた。そのため参事官は許可を求めて私に詰め寄ったのだ。

適用にあたっていくつもの要件が決められていたのは、すでに述べた通りだ。それでもこの状態であれば、要件を十分に満たしていると考えられた。すぐさま現場に派遣されている検事のキャップである山崎副部長に連絡した。

「新宿駅構内は連中に占拠され完全に無法状態です。警視庁からも騒擾罪の適用を求められています！」

だが、山崎副部長が陣取る二幸の屋上からは駅構内の大混乱ぶりが生々しく伝わらないようだ。二幸からよく見える東口駅前広場から新宿通り一帯では、さらに膨れ上がって二万人以上もの群衆で溢れかえっていたが、駅構内のような機動隊との衝突や破壊活動がそこかしこで起きているわけではない。

「まだダメだ」

そう返ってきた山崎副部長の冷淡な反応に、私は東京地検で待機していた高橋正八《たかはししょうはち》次席検事に、直接電話して騒擾罪適用の必要性を訴えることにした。最終的に騒擾罪適用を判断するのは次席とされていたからだ。

「新宿駅は大混乱です！　機動隊も手がつけられなくなっています！」

だが、高橋次席も簡単にはゴーを出さない。焦《じ》れていると、こう言い出した。

「放火だ。放火を連中がすれば、適用しよう」

放火は破壊活動の激しさを示すメルクマールである。放火のあるなしも騒擾罪適用のひとつの指標になっていたのだ。

なお、他に指標になり得るものとして、略奪がある。仮に東口周辺で略奪行為が起きていれば、火が出ずとも騒擾罪適用となっていたかもしれない。だが、あの日は多くの店が混乱を避けて早くからシャッターを閉めていた。

それに、学生たちの街頭闘争では米国での暴動のように略奪行為が行なわれたためしがない。社会正義の実現を主張するだけあって、そうした点では彼らは行儀が良いのだ。ただ、材木屋だけは例外だ。ゲバ棒にするため盛んに角材の収集が行なわれていた。

ともあれ、じりじりする思いでさらに推移を見守ると、午後一一時三七分、二番ホームおよび三番ホームから南口に上がる階段に電車内から持ち出した座席を積み上げて築いたバリケードに火がつけられた。火は柱から天井へと燃え広がり、南口が黒煙に包まれる事態となった。

「火がつきました！　放火です」

「よし、それなら騒擾罪でいこう」

かくしてじつに五二年の三大騒擾事件以来、一六年ぶりとなる騒擾罪が適用された。日付が変わって午前〇時一五分のことである。この時までに国会や防衛庁の警備にあたっていた機動隊員が増援で新宿駅に駆けつけていた。

新宿駅構内から線路になだれ込む群衆

「一斉検挙！」

各所で待機していた機動隊が次々と逮捕を始めたが、すでに中核派やＭＬ、革マル派など最も盛んに破壊活動を繰り広げた学生たちの大半は引き揚げており、遅くまで駅構内に残っていたのは野次馬のような者が多かった。

労働歌を歌って気勢を上げてはいたが、正直に言って、逮捕するまでもない連中だ。時すでに遅しの感があったが、それでも新宿駅周辺でのこの日の逮捕者は四五〇人に上った。さらにその後に一〇二人が逮捕に至っている。

新宿駅での騒乱が落ち着き、ようやく自宅に帰った時はすでに午前二時を過ぎていた。やれやれと眠りについたが、二時間もすると、電話で呼び出しを受けた。早朝から新宿駅で実況検分をするという。妻には「また行くの？」と呆れられたが、これも検察官の仕事だ。警視庁が迎えに差し向けてくれたパトカーに乗って新宿駅へと向かった。

検事にとって大変なのは、事件が終わってからである。取り調べを行ない、起訴すべきと判断した被疑者については証拠を揃えて適切に事件処理を行なわなくてはならない。ましてや、長らく封じ手としてきた騒擾罪を適用して大量の被疑者を逮捕したのである。

私の場合は、写真による立証班の班長として、とにかくあちこちに手を回して物証となる写真やビデオ動画をかき集めなくてはならなかった。この事件では現場にいた機動隊員らは蹴散らされるばかりで悠長に証拠となる写真を撮るような余裕はない。報道関係者の撮った写真、被疑者や野次馬のような一般人が撮影した写真などを片っ端から入手した。

特に助けられたのは、警視庁の写真班が撮った写真だ。彼らは私服で、時には「報道」の腕章をして一番危険なところに近寄り、学生らが機動隊員を相手に暴れまわっているところを撮影する。ただし、この方法にはマスコミから抗議が来るようになったので使われなくなった。

なお、証拠集めということでは、警視庁の捜査員の中にはいろんな才能を持つ人がいた。私がよく知る現認班の捜査員は、ポケットの中でメモを書くことができる技術を持っていた。彼はデモや集会に紛れ込んで何時何分に誰が何をしゃべったか、仲間にどんな指示を出したか克明にメモを取り、それをもとに詳細な現認報告書を提出したのである。

とにかくそうやって集めた数千枚の写真に首っ引きとなり、まさに明けても暮れても写真、写真だった。一枚一枚細かくチェックして時系列に沿った組み写真のようなものをつくり、それをもとに立証作業を進め、二二人を騒擾罪で起訴に持ち込むことができた。

だが、この事件の裁判も極めて長期化し、最後まで争った八人の被告の判決が最高裁で確定するのは、事件発生から一六年後の八四年一二月のことだ。これにより起訴した二二人の学生のうち国外逃亡した三人を除き全員の有罪が確定したことになった。

検察の面目を果たすことはできたものの、やはり負担が大きすぎるという判断だったのだろう。騒擾罪の適用は再びお蔵入りすることになる。騒擾罪は騒乱罪と名称を変えたが、新宿での事件後、一度も適用されていない。

第三章　大学紛争

大学を舞台にした学生らによる「異議申し立て」は、一九六〇年代後半に本格化する。慶應義塾大学に始まり、早稲田大学、横浜国立大学、明治大学、中央大学と次々に飛び火していったが、なかでも大きな衝突となったのが、日本大学での紛争である。大学当局の不正に抗議する各学部の学生が一九六八年五月に日大全共闘を結成して学内をバリケード封鎖すると、これを排除するため出動した機動隊と激しく衝突した。

さらに、六九年一月に行なわれた東大安田講堂の立て籠《こ》もり事件では、投石や火炎びんで激しく抵抗する学生らに対し、機動隊は催涙《さいるい》ガス弾で対抗。激しい攻防戦を繰り広げた。

日大工兵隊

「こんなに小さかったのか」

五五年ぶりに見上げたその建物に私はやや戸惑いを覚えた。

小雨がぱらつく二〇二四年六月下旬、私は東京大学の本郷キャンパスを訪れた。正門を入り銀杏《いちょう》並木を歩くと、正面に大学のシンボルとも言うべき安田講堂がある。ゴシック様式の建物を目の前にすると、記憶していたほど大きくない。

安田講堂の前の広場には、翌年度からの実施が検討されていると報道があった授業料の値上げに反対して、数人の学生らがテントを張って抗議の意を示していた。

キャンパスにはアジアからの観光客の姿が多い。そのうちの二人の若者が物珍しそうに、「あれは何をやっているんですか？」と私に尋ねてきた。聞けば、中国の浙江省で日本語を学んでいるという。

天安門事件や香港での民主化運動の弾圧を例に挙げるまでもなく、中国では学生が声を上げるのは容易ではないはずだ。東大生たちの抗議についての説明に、曖昧に頷《うなず》く彼らはどこまで理解してくれたのだろうか。

立ち去る彼らを見送るうちに、五五年前にここで起きた事件の記憶が次々と甦ってくるのを覚えた。あの時、安田講堂は難攻不落の城砦《じょうさい》のように聳《そび》え立っていた。


一九六八年一〇月の新宿駅での騒擾事件の後、新左翼各派は七〇年に予定される日米安保条約改定の阻止に向けて突破口を築いたと評価。さらなる動きを活発化させ、学生運動は勢いを増していた。各地で大学の運営や教育、授業料などをめぐり、大学当局と対立した学生らが学内を封鎖してバリケードを構築、籠城する動きが繰り広げられた。

学生たちが過激化するなかで、鎮圧にあたる機動隊の装備の貧弱さが課題とされていた。六七年一〇月と一一月の二度にわたって当時の佐藤栄作首相の外国訪問を阻止しようと行なわれた羽田闘争では、合わせて二二〇〇人におよぶ警視庁の警察官が怪我を負い、その翌年の新宿駅での騒擾事件でも一時は駅構内をほぼ占拠する事態を許してしまった。

ゲバ棒、あるいはゲバルト棒と呼ばれた角材を使って警察と対峙するという行動様式は羽田闘争で確立したと言われる。のちに内ゲバでも使用されることになる。それまで学生らはせいぜい投石を行なう程度だった。

当初は、裁判所が角材を凶器と位置づけることに躊躇していたため、凶器準備集合罪の適用には慎重さが求められたが、次第に角材も凶器であるとする判例が積み重ねられるようになった。さらに六九年に入ると、角材に代わりより殺傷能力が高い鉄パイプを使うことが増えていく。

警察官僚でのちに初代内閣安全保障室長となる佐々《さっさ》淳行《あつゆき》氏は六八年六月まで在香港総領事館に領事として出向していたが、この間、香港の警察当局者とこんなやりとりをしたという。

〈第一次羽田闘争で約千二百名の機動隊員が負傷したというニュースが流れたあと、香港警察のイーツ警視総監とスレヴィン特別警察局長に会ったとき、

「警視庁には警察官は何人いる?」

ときかれた。約三万名ですよと答えると、

「一日千人ずつ怪我させたら、警視庁は何日もつのかね?」

と、大勢の負傷者を出した日本警察の警備の拙劣さを暗に批判するような発言があった〉（佐々氏著『東大落城』）

言うまでもないが、当時の香港は中国に返還される前の英国領の時代だ。佐々氏の在任中は、中国本土で広がる文化大革命の煽《あお》りを受けて反英暴動を起こす親文革派と地元警察による市街戦が繰り返されていた。

暴動鎮圧にあたり投石が届かない距離から遠慮会釈なく催涙ガス弾を斉射《せいしゃ》して追い散らしており、香港警察の警視総監からは日本警察もこの方法を採用するよう勧められたという。佐々氏は帰国後、日本国内でも催涙ガスを使用することを意見具申した。

ゲバ棒に対して警棒で対抗するという白兵戦をやるから、警察官、学生ともに多くの負傷者が出る。機動隊が暴行したと言われる。相手の武器の射程の外からガス弾を使って解散に追い込むアウトレンジ戦法ならこうした事態を避けられると言うのだ。

佐々氏の意見具申は警察庁に採用される。過激化する学生らに対して、警察も手探りで装備の強化を進めていくことになる。

大学を舞台に学生らと大学当局が衝突する紛争事件が本格化するようになったのは、六五年頃からである。慶應義塾大学に始まり、早稲田大学、横浜国立大学、明治大学、中央大学と次々に飛び火していった。なかでも大きな衝突となったのが、六八年から六九年の日大紛争である。

日本大学は、当時の古田《ふるた》重二良《じゅうじろう》会頭のもとで極端な拡大経営が採られており、六八年には昼間一一学部、夜間五学部、通信教育四学部など合計で一〇万人の学生を抱える日本最大の大学となっていた。

だが、入学金や学費、寄付金を目当てに定員の数倍の学生を入学させることが常態化しており、例えば、芸術学部では六六年の入学定員四五〇人に対し入学者は一四五三人に上った。しかも、コスト削減のために専任の教員は少なく、講義の多くは数百人、ときに一〇〇〇人を超える学生が大教室で受けていたという。それなのに授業料は日本の大学で最も高く、当然のことながら学生らの不満は高まっていた。

そこに降って湧いたのが、国税局による監査で、六三年から六七年までの五年間で総額三四億円もの巨額の使途不明金と脱税が発覚したことである。

各学部の学生らは、団結して六八年五月に日本大学全学共闘会議（日大全共闘）を結成する。日大全共闘が古田会頭ら全理事の退陣と経理の全面公開を求めると、古田会頭らはこれを拒絶。そればかりか事態の収拾のために警視庁に機動隊の出動要請をする構えを見せ、日大全共闘は無期限ストに突入して各学部にバリケードを築いて籠城を開始した。

当初、世論は腐敗した大学当局に対して立ち上がった学生らに同情的で、警視庁も強行策に出ることに抑制的だった。だが、籠城の長期化とともに、全共闘指導部の性格に変化が現れるようになる。ノンセクトの学生らが中心だった指導部に中核派などの過激派が入り込むようになったのだ。それとともに一般学生の支持を失う。

さらに九月四日には、神田三崎町の経済学部のバリケード封鎖の解除のために出動していた警視庁第五機動隊の西条秀雄《さいじょうひでお》巡査部長が、校舎の四階から学生が落とした人の頭ほどの大きさがある石の直撃を受けて死亡する事件が起きる。

これを機に、警視庁は大量の機動隊員を投入して各学部のバリケード封鎖を一挙に解除する積極策に方針転換した。そのひとつ江古田にある芸術学部には、一一月に警視庁の第三機動隊と第五機動隊が投入された。日大全共闘は「日大工兵隊」とも呼ばれたバリゲード構築のプロ集団を使って、芸術学部の要塞化《ようさい》を進めていたが、この時の攻防戦で警視庁はかねてから用意していた催涙ガスを初めて大量に使用する作戦に踏み切っている。

〈十時十九分、「催涙ガスを使用せよ」という五方面本部長命令が発せられた。

そのとたん、ジッと投石に耐えていた三機と五機のガス分隊が、遠くは羽田闘争以来の、近くは日大経済学部西条警部殉職事件以来のたまりにたまったうっぷんを、この一瞬にはらそうとばかり、催涙ガス弾を本館校舎に向かって発射した。

ダダダダーン、その咆哮の凄まじさ。ダンダンなんてものじゃない。表と裏の両側から斉射するP弾（粉末）、S弾（スモーク＝発煙）が放物線を空中に描きながら集束弾となって各階の窓という窓に飛びこんでゆき、日大芸術学部はたちまち濛々たる催涙ガスの白煙に包まれてしまった。

耳元の間断ない発射音に指揮官たちは耳が聞こえなくなる。取材の記者たちも口をポカンとあけてその凄まじさに口もきけない有様だ〉（佐々前掲書）

この時の攻防で警視庁が使った催涙ガス弾は一二〇〇発に上ったという。催涙ガス弾の集中使用によって燻り出された学生らが屋上に逃げたところを一斉に検挙。堅牢に築かれたバリケードにもかかわらず、ガス弾の使用から二時間も経たずに陥落した。

拠点を次々と失った日大全共闘は、東大紛争を繰り広げる東大全共闘と連携する動きも見せるが、翌年三月には議長の秋田《あきた》明大《あけひろ》が公務執行妨害などで逮捕。その後も活動を続けるが、もはや大きな力は残されていなかった。

ダイナマイトの情報

日大に代わって大学紛争の中心となるのが、東大である。

東大での紛争は、医学部の学生や研修医らが研修医の待遇改善などを求める運動を始めたことに端を発する。六八年一月に医学部の学生大会で無期限ストに突入することが決議され、二月には学生らが医局長に暴力を振るったとされる「春見医局長事件」が起きる。これに関与したとして、大学が一七人の学生や研修医の処分に踏み切ったところ、そのうちの一人にはその場にいなかったアリバイがあり、誤認処分をした可能性が出てきた。怒った医学部学生らは、医学部総合中央館を一時占拠したばかりか、三月二八日の卒業式を妨害。卒業証書は各学部で交付される事態となった。

四月の入学式も妨害され、六月に入り安田講堂が占拠されると、東大の大河内《おおこうち》一男《かずお》総長は、これを排除するために警視庁に機動隊の投入を要請。いったんは安田講堂の占拠が解除されるが、全学の学生の反発が高まり、東大闘争全学共闘会議（東大全共闘）が結成される。議長となったのは理学部の大学院生だった山本義隆《やまもとよしたか》である。

全共闘は「東大解体」を主張して、安田講堂をはじめ学内の主要な建物が次々とバリケード封鎖。一一月には大河内総長らが辞任する。

封鎖の長期化で、翌年の入学試験の実施すら危ぶまれる状況になる中で、過激化する全共闘に対して、民青やノンセクトの学生らが反発する動きが高まり、一一月一二日には総合図書館前で全共闘と民青がゲバ棒での大乱闘を繰り広げた。

大河内氏の後任として総長代行となった加藤一郎《かとういちろう》法学部長は、六九年一月一〇日に秩父宮ラグビー場で民青や学内の平常化を求めるノンポリ学生らとの集会によってスト収拾を図り、紛争の発端となった医学部学生らの処分の白紙撤回など一〇項目の確認書を取り交わすが、全共闘が安田講堂や周辺の学部建物に立て籠もって封鎖を続けたことから、加藤総長代行の要請を受けて、機動隊が封鎖解除に乗り出すことになる。

当時、警察庁次長だった後藤田正晴《ごとうだまさはる》氏は「東大を制するものは全大学を制する」と発言されたそうだが、まさに各地で相次いでいた大学紛争の中で、天王山とも言うべき一戦である。投入した機動隊の隊員は八五〇〇人に上った。

一月一八日、早朝五時に東大そばにある本富士警察署に私たちは集合した。東京地検公安部の三上庄一《みかみしょういち》副部長とともに現場に立ち会うことになったのだ。

第五機動隊の青柳敏夫《あおやぎとしお》隊長らとともに龍岡門《たつおかもん》から東大キャンパスに入った。まだ薄暗い冬の朝だ。行進する隊員らの出動靴のザッザッという音に緊張感が高まる。

午前七時、機動隊の動きが始まった。

医学部総合中央館に続いて、工学部二号館、三号館、そして法文経一号館、二号館と安田講堂を取り囲むように建つ建物の封鎖の解除を次々と進める。工学部列品館では、火炎びんの投擲《とうてき》やガソリンを屋上から撒いて火をつけるなど抵抗が激しい。

火炎びんが組織だって使用されるのは、学生運動の歴史でこの時が初めてだったとされる。

火炎びんは、ジュースやサイダー、ビールなどの空びんにガソリンを詰め、びんの口につけたボロきれに火を放ってから投げる。ガソリンだけのびんをまず投げてガソリンをあたり一面に飛散させてから、さらに火のついたびんを投げることをする学生までいた。

列品館には、化学薬品が多く保管されており、原因不明の火災が発生するなど機動隊は攻めあぐねたが、午後には陥落に成功し、屋上で学生ら三八人を検挙した。

心配されたのは、学生らが爆薬であるニトログリセリンを持っているとの事前情報だ。

「学生たちが占拠している建物内に、長さ二〇センチの試験管二五〇本に入れたニトログリセリンを持ち込んだらしい」「ダイナマイトもあるらしい」

そんな情報が大学当局から警視庁に寄せられていた。事実であれば、使用されると機動隊員にも学生にも犠牲者が出かねない。情報が事実であるか確認が進まず、警視庁が積極攻勢に出る上で大きな障害となっていた。

私や三上副部長は、銀杏並木に陣取る第五機動隊の青柳隊長のすぐ横で見守っていたが、ダイナマイトをめぐる未確認情報が盛んに飛び交っていた。青柳隊長は「大丈夫か、よく注意しろ」と隊員らに声をかけていたが、最後まで爆発物が見つかることはなかった。


二の丸、三の丸にあたる各学部の建物で封鎖が解除されても、本丸の安田講堂を落とすのは容易ではない。

安田講堂は傾斜地に立ち、正面玄関があるフロアは三階にあたる。その正面玄関に構築されたバリケードは特に厳重で、縦に深く二重三重にスチール製のロッカーや机、椅子が奥深くまで積み重ねられている。しかもそれらは太い針金で緊縛され固定されている。どうやら日大工兵隊が駆けつけてバリケード構築を支援したらしい。

立て籠もる学生の多くは三階と四階を占める大ホールにいるようだが、その屋上や九階まである時計台にも大勢の学生らが、何キロもあろうかという石の塊や火炎びん、硫酸などを大量に準備して待ち構えている。

そこに機動隊が玄関から突入しようものなら、上から雨のごとく投下してくる。機動隊は大盾を上に向けて持ったまま走って建物に取りつこうとするが、そこに向けてばあーっと火の雨が降り注ぐ。

それを見て思わず、

「危ない！」

と声を出してしまった。

機動隊員が焼け死んでしまうのではないかと思ったほどだ。すると一瞬、火だるまになった隊員めがけて警視庁の放水車が一斉に水をかける。

隊員からすれば火攻めの次は水攻めかとの心境だったのではないか。ともかく講堂の建物に近づくことすらままならない状況だった。

講堂の窓という窓には内側からベニヤ板が打ち付けられ、窓を破壊して催涙ガス弾を打ち込むこともできない。警視庁の小型ヘリで上空からガス弾を落とすということも試みたが、ほとんどが跳ね返って屋外へと転がり落ちてしまい、役に立たない。

続いて大型ヘリ「おおとり」を飛ばしてドラム缶に入れたガス液を大量に投下するが、ヘリの凄まじい風圧によって思わぬ方向に流れてしまう。真っ黄色なガス液は屋根をつたって流れ落ちていくばかりだった。

結局、この日は日没とともに機動隊は撤収を決断。翌日に期すことになった。

翌一月一九日は真冬にしてはやや暖かく、日中の攻防の間にコートを羽織った記憶はない。ただ、当時の気象データを見ると、それでも東京の最低気温は一・五℃まで下がっている。この寒さのなか警視庁は一晩中、安田講堂に向けて放水をしていた。立て籠もる学生らの睡眠を妨げ、士気を落とすためである。

そのねらいがうまく当たったのは、当時の新聞報道からも窺える。

〈関西からの上京組の二人の学生は「一八日夜、安田講堂内にいたが、催涙ガスが充満、床は水浸し、とても人間の住める状態ではなかった。目は痛み、上着もズボンもズブぬれ、寒さでふるえ上がり早く機動隊が来て、つかまえてくれないかとさえ考えた」と言っている〉（『産経新聞』六九年一月三一日付）

朝から東大の上空をマスコミのヘリが何機も飛び交うなど騒然とする中、午前六時半には攻防が再開された。

二日目のこの日は、私や三上副部長は、法文経一号館の屋上から状況把握に努めた。屋上は二段構えになっていて、催涙ガス弾を打ち込むガス分隊は、安田講堂の真向かいにあたる部分に陣取り、私たちはそこからさらに二メートルほど高い部分によじ登っての視察だ。機動隊と学生の攻防を眼下に見下ろすことができる格好の場所である。

警視庁は屋上から投下される石塊や火炎びんなどを避けるために徹夜で製作した木製の

トンネルを投入したが、そこに向けて学生らの投石が集中する。それを逆手に取り、木製トンネルを陽動にして、機動隊員らは講堂北側の一階の用務員室の窓から続々と突入に成功する。午前七時頃である。

安田講堂の真向かいにあるのが著者がいた法文経一号館

突入したといっても、講堂内は各階の階段ごとにバリケードが構築されている。それを撤去する様子は、私たちがいた場所からは窺い知ることはできなかったが、警視庁の現場統括指揮官だった津田武徳氏の著書『あなたの知らない「東大安田講堂事件」』に生々しい。

〈作業は、カケヤやハンマーで、バリケードを崩そうとする者、エンジンカッターでロッカーを焼き切る者、焼き切ったロッカーを引き出す者、大楯を振りかぶって作業員を守る者、燃え上がる火炎を消火器で消す者、火炎ビンをかぶり、火炎に包まれた隊員の火を消す者、ライトで作業先端部分を照らし出す者。階段付近は叱咤と怒号が飛び交い、隊員は、危険を冒し、幹部は隊員の身を案じ、共に一瞬たりとも気が抜けない。ホッと一息入れる暇もない。火攻め水攻めに合いながら、時間を忘れ、空腹を忘れて一心不乱になり、ひたすらに戦う。朝飯抜きで闘い、いずれの隊も午後2時を過ぎて、昼飯と朝飯を同時に食べた〉

一進一退の攻防が続く中、午後三時前には機動隊が大ホールに突入したとの連絡が飛び込んできた。続いて屋上、さらに時計台に立て籠もる学生の排除へと動く。

ちょうどその時のことである。前日に一緒にいた第五機動隊の青柳隊長が屋上の円形の屋根の上で転倒した。催涙ガスの粉末と放水した大量の水とで滑りやすくなっていたのだ。屋根には傾斜があって青柳隊長はそのまま三メートルほど滑り落ちたが、端のところでどうにか踏みとどまった。これには思わず胸をなで下ろしたものである。

夕闇が迫る頃になると、数十名の学生らが屋上でスクラムを組んで「インターナショナル」の合唱を始めた。午後五時過ぎには講堂内の放送設備を使って、いわゆる最後の時計台放送を行なう。

「我々の闘いは勝利だった。全国の学生、市民、労働者の皆さん、我々の闘いは決して終わったのではなく、我々に替わって闘う同志の諸君が、再び解放講堂から時計台放送を真に再開する日まで、一時この放送を中止します」

午後五時四六分、彼らの抵抗は終わった。時計台の上の赤旗は降ろされ、日章旗が掲げられた。

最終的に安田講堂の周辺で逮捕されたのは、三七七人に上ったが、その中に東大全共闘のリーダーだった山本義隆は含まれていない。山本だけでない。逮捕されたうち東大生は六〇人に満たなかった。警視庁による封鎖解除が始まる前日の一月一七日に今後の闘争の継続のために大学構内から脱出していたのだ。

逮捕された学生の多くは、関東や関西を中心とした他大学からの応援が多く、東北大から九州大まで全国の学生が集まり、中には高校生も含まれていた。

東大全共闘の山本は著書『私の１９６０年代』でこう書いている。

〈一七日の深夜、安田を出て振り返って時計台を見上げたとき胸に迫るものがありましたが、同時に、翌日からの外での闘争の厳しさが予測され、感傷に耽っているような余裕もありませんでした。正直言って、外に出て闘争を継続するより、安田に残って闘う方が気持ちのうえで楽なところもあり、私が外に出たのは、もっぱら義務感からでした。

後になって、あのときの判断がよかったのかどうか、正直、悩みました。自分の気持ちにもっと正直に安田に残るべきであったという思いが強まるとともに、政治的にも、政治党派が動員した部隊にたよらず、私もふくめて東大全共闘だけでもっと大衆的な形で安田の防衛をするべきであったのではないか、そしてそのことにむけてもっと早くから議論し準備しておくべきであったのではないかと考えております。大衆的な形で全学封鎖をやりきれなかったのは、私たちの限界であったと思っています〉

また法文経二号館に立て籠もっていた革マル派も兵力温存を理由に脱出しており、中核派など他セクトからの猛批判を受け、これが内ゲバの泥沼化を招くきっかけとなった。

内ゲバ、内部ゲバルトとは、新左翼のセクト間で繰り広げられた暴力による党派闘争を指す。当初は共産党系の民青と反代々木系のセクトの間で行なわれていたが、東大事件を経て七〇年代に入ると、とりわけ中核派と革マル派の間で殺し合いの状態に陥る。

鉄パイプなどを使って各地の大学や職場、はては路上で互いに襲撃を繰り返し、ついには中核派の最高指導者であった本多延嘉《ほんだのぶよし》書記長まで殺害される。両派の内ゲバで死亡したのは二〇〇〇年までに九七人に上った。

学生への水平撃ち

立て籠もり事件で大学が受けたダメージは大きかった。

まずこの年の東大の受験は見送られることが決まった。明治以来、日本の最高学府として君臨してきた東大の権威は傷つき、安田講堂の大ホールは二〇年にわたって閉鎖されたままとなる。各学部の建物でも学生らが半年もの間、バリケードで封鎖するうちにすっかり荒廃してしまう。あちこちに落書きがされ、貴重な原書や文献が失われた。

東大教授で戦後民主主義を象徴する政治学者だった丸山眞男《まるやままさお》氏が、変わり果てた自分の研究室に呆然とした様子を『毎日新聞』は伝えている。

〈万が一の無事を祈って自分の研究室にはいった丸山眞男教授は、しばらく声も出せなかった。「部屋の中央にあった本ダナが、そっくりなくなっちまった」――やっと口が開いてがっくりと肩を落とす。「学生は研究室を教授がすわっている部屋ぐらいにしか思っていないんだ」といいながら、小さな懐中電灯で薄暗くなった研究室を照らし、床にばらまかれ、泥に汚れた書籍や文献を一つ一つ拾いあげ、わが子をいつくしむように丹念に確かめながら「建物なら再建できるが、研究成果は……。これを文化の破壊といわずして、何を文化の破壊というのだろうか」とつぶやいていた。押さえようとしても押さえきれない怒りのため、くちびるはふるえていた〉(『毎日新聞』六八年一月一九日付)

事件後にマスコミや野党から批判されたのが、ガス弾の直撃やガス液をかけられたことによりケガ人が出たことである。過剰な警察権の行使にあたるのではないかとされたのだ。

六九年三月一四日の衆議院法務委員会では、社会党の猪俣浩三《いのまたこうぞう》議員が安田講堂事件では、ガス弾の直撃により学生の負傷者が約二〇人出ており、うち一人は失明しているとの独自の調査結果を明らかにし、機動隊員は近距離から同じ高さのところにいる学生の顔に直撃弾をあびせたが、これはガス銃の不当な使用ではないかと詰め寄っている。

これに対して、当時の荒木萬壽夫《あらきますお》国家公安委員長は「ガス銃の水平撃ちは禁止している。警官がやるはずがない」と否定した。

じつは警察庁は、安田講堂をめぐる攻防戦の一年前にあたる六八年一月一一日に、「催涙ガス器具の使用および取り扱いに関する訓令」を出して、正当防衛や緊急避難にあたる場合などを除いて「相手方に危害を与えるおそれのある方法でガス器具を使用してはならない」としていた。つまりガス弾を撃つにあたって直接、学生を狙って撃つこと（＝水平撃ち）をしてはならないとされていたのだ。

警察官職務執行法は、第一条二項で、警察権の行使について「必要な最小の限度において用いるべきものであつて、いやしくもその濫用《らんよう》にわたるようなことがあつてはならない」と定めている。いわゆる警察比例の原則である。警察権の行使にあたっていくつかの手段が考えられる場合には、対象にとって最も穏和で侵害的でない手段が用いられなければならないというわけだ。先の訓令はこの原則を改めて確認したものである。

だが、「禁止しているのでやっているはずがない」との国家公安委員長の説明は、正しくない。なぜなら法文経一号館の屋上では、私のすぐ目の前で機動隊員らが水平撃ちをしていたからだ。ガス弾は当たればゴルフボールが当たるのと同じ強さだという。顔面ならば大怪我も考えられる。

「これは危ない」

見ていてそう感じたものだ。ただ、それは指揮官が指示したというよりも、隊員が独自の判断でそう撃っているとの印象があった。実際のところ、窓や屋上から次々と石や火炎びんを落とす学生らを狙い撃ちしないことには、講堂の建物に取りつくこともできなかったからだろう。

だからマスコミや野党からの批判にも「やむを得ず水平撃ちをした」と説明すれば良いのだが、きれいごとに済ませようとの考えが働いたのだろう。大学紛争の激化で学生を相手にした対峙が続く中で、不当な弾圧をしているとの印象が広がることだけは避けたい。警察当局が世論の動向に敏感にならざるを得なかったことも事実だ。

もうひとつのガス液の散布については、現場統括指揮官だった津田氏が事件後に佐々氏と以下のようなやりとりをしたと証言している。佐々氏は事件当時の警視庁警備課長から人事課長に異動していた。

〈打ち合わせが終わり廊下に出たとき、佐々人事課長（前警備課長）から声をかけられた。

「津田さん！　ガス液は使用しなかったことにしてくれませんか」

津田はわが耳を疑った。衆人環視の中で盛んにガス筒を発射し安田講堂の上空からガス液を投下している。これはもう、隠しようのない公知の事実である。それに証人心得にも反する。嘘の証言を証言するようでは、津田の証言全体が信憑性がなくなる。考えてもみよ、最も大事なことは、学生たちは歩道の平板、頭大の石塊、1升ビンや1斗缶ごとの火炎ビン、いろいろな劇薬等を盛んに屋上や階段上から投げている。まともに当たれば、みんな致命傷になる。ガス液がたとえ皮膚炎を起こしたとしても、このような攻防戦でガス液を使用しても決して警察比例の原則には反しない。警職法に基づく職務行為であり、正当防衛行為である〉（津田氏前掲書）

こうした経緯を踏まえてのことだと思われる。警察庁は東大での事件の後の六九年一一月一三日、次長名で改めて通達を出し、催涙ガスの使用にあたり「危害を与えるおそれのある方法」として以下の四点を具体的に例示した。

・筒または弾が相手方の集団の中に到達して人体に直接当たるように発射すること
・直接人の身体に付着するような方法で催涙液を使用すること
・室内において催涙ガスまたは催涙剤を多量に使用すること
・同一の相手方に対し催涙ガスまたは催涙剤を相当時間継続して使用すること

ともあれ、大量の検挙者が出たということは、私たち検察にとってはこれから大変な作業が発生するということである。延々と続くことになる学生たちの取り調べの始まりだ。

安田講堂落城により「さあ、これからが我々の出番だ」と気を引き締めて、法文経一号館の屋上から撤収しようとしたところ、一緒にいた公安部の三上副部長が屋上にあった二メートルほどの段差を飛び降りて怪我をしてしまう。飛び降りるなりうずくまるので、「どうしたのですか？」と声をかけると、「ああ、痛い、痛い」と呻《うめ》いている。精密検査の結果、かかとを骨折したという。前途多難が予想される出来事だった。

安田講堂の事件で検挙したのは、三八一人。そのうち公務執行妨害等で三一六人を起訴した。講堂の中や周辺で押収された凶器は、凄まじい量に上っている。

鉄パイプ三九〇本に角材が二九〇本、未使用あるいは不発の火炎びんが五六本、石塊は全部で八二〇〇キロに及んだ。さらに、まさかりや竹竿、野球バット、スキーのストック、なた、ハンマー、ノコギリに鎌、果てはコンクリートの角柱まで押収されており、ありとあらゆる武器を持ち込んだ感があった。

さらに、「構内拠点を長期占拠し入試を粉砕せよ！」「機動隊の導入を粉砕し、権力に対し徹底抗戦せよ！」などと書かれたビラも押収された。

四階の総長室は荒れ放題となり、鉄パイプや角材、石や牛乳びんが散乱するありさまだったという。

公安部では「戦艦論」を採ることにした。

今回、学生らは機動隊に対抗する武器を用意し、講堂内にバリケードを構築して要塞化した上でここに立て籠もり、排除しようとする警察官に対して投石や火炎びんを投げつけるなどしている。

そこで安田講堂をひとつの戦艦と見立てると、直接攻撃に手を下す砲手だけでなく、燃料の補給係や蒸気機関のボイラーをたく罐焚《かまた》きなども、その分担において戦闘に加わっており、戦艦に乗船した者は全体で戦闘集団とみなすことができる。

そのため、安田講堂内にいた者、全員に公務執行妨害や凶器準備集合罪を適用することができるとの考えに立つことにしたのだ。

それでも、食料調達係や救護班など非戦闘員としての性格が強い学生たち七三人については、不起訴とした。そこはきっちりと分けたわけだが、それでも八割を超える起訴率は大学紛争の中で最も高い。戦艦論に依拠したことが大きかった。

とにかくこれだけの数の学生を起訴するのである。公安部だけでは取り調べの検事が足りず、全国から応援検事をかき集めて連日徹夜に近い状態で作業を続けた。決裁官である外村隆公安部長も疲労困憊《こんぱい》で、決裁するのに半分眠り落ちそうになりながら、「ふうふう」と喘《あえ》ぎ書類に目を通していた。決裁官があんな状態で判子を押すのを見たのは、検察官人生であの時だけである。

一人の検事につき、七、八人の被疑者の取り調べを担当した。調べが順調に進めばいいが、公安事件では大抵は黙秘される。なにせ「不当逮捕に対する心得」と書かれたビラが配られていたくらいだ。

そこには東大闘争弁護団の連絡先が書かれ、

「黙秘権の行使（氏名住所も含めて黙否し、取調時の雑談もせぬこと）」
「調書等の書類に署名捺印をせぬこと」
「勾留時に必要な際は弁護士との接見要求を出すこと」
「勾留が長期化しても頑張ること」

とあった。

東京地検公安部の取調室は部内では「長屋」と呼ばれていた。いくつもの取調室が並び、そこで検事と被疑者が駆け引きを繰り広げるのである。

応援検事の中には「どうせ黙秘だから一生懸命やらなくてもいいや」とばかりに、夜九時まで頑張ったりせずにさっさと仕事を切り上げ、出張の日当を貯め込むことに専念して背広をつくって帰る者がいたのには、腹立たしく思ったものだ。

「落ちる」兆候

公安部の検事には、刑事部や特捜部とはやや異なる資質を求められる。

公安事件の被疑者となる者は、欲得よりも思想信条に基づいて事件を起こすものだ。その取り調べには、マルクスやレーニンを読破しているとまではいかないにしても、ある程度は左翼思想に通じていなければならない。

また、黙秘をする被疑者も多い。そうなると、供述を引き出すのが上手い、「割り屋」であることが求められる。どやしつけたり、バカにしたりせず、被疑者とある程度は同調することも必要だ。だから公安部にはガンガンやって叩き割るようなタイプの検事はいなかった。

黙秘を続ける被疑者には、まずは雑談に応じるよう仕向けることだ。それがファーストステップである。そこに持ち込むだけでも大変だが、あとはさらなる雑談を続けているうちに、それまで応じていた相手が急に何も答えなくなるタイミングがある。

これこそ相手が「落ちる」兆候で、検事にしゃべろうか、それともしゃべるまいか、身じろぎもせずに葛藤している瞬間だ。この兆候をしっかりと見逃すことなく、「あんた、黙っているだけでは、苦しい思いから解き放たれないよ」と諭して水を向けてやることが大切だ。

被疑者は弁護士と接見した後に、黙秘してしまうことが多いが、それではすごく辛くなるぞ、そんなことで一生いいのか、きちんと話したほうが楽になるよと言ってやることも時には必要である。

もちろん、最後までどうやっても黙秘を貫き通す被疑者もたくさんいる。とにかく取り調べは忍耐力だ。

社会秩序を破壊し公共の安寧を脅かす学生たちの行為を決して許すことはできなかったが、一方で社会の矛盾に対して声を上げる彼らの心情を、まるで理解できなかったわけではない。日大紛争のように、学生たちの主張に一理があると覚えざるを得ないケースもあった。

だから私も取り調べでは学生たちに手荒な振る舞いをすることは決してなかった。

今では行なわれていないと思うが、かつて東京地検特捜部では、検事が描いたストーリーに沿った供述を被疑者から得るよう求められる取り調べが行なわれていた。甚《はなは》だしくは被疑者の供述を得る前に供述調書を作成しておいて、「あなたの供述はこうです」と署名を迫るようなことすらあった。

よく言われる「ストーリーありきの捜査」というものだ。仮に被疑者がそのストーリーを否定しようものなら、取り調べは苛烈を極めることになる。さらに供述調書は、その内容を決済者が了承してから初めて被疑者からの署名を取るなどということも行なわれていた。これを「調書決済」と呼んでいたが、もはや供述の任意性は極めて疑わしいものとなる。

しかし、検事は、ストーリーに沿った調書を作成できなければ、有能とは見なされず、プレッシャーは相当にキツいものがあった。東京地検特捜部での捜査経験を積んで大阪地検に戻った検事が、被疑者が全く述べてもいない内容の供述調書を作成したばかりか、証拠の改竄《かいざん》までやって罪に問われたことがあったが、これもこのようなプレッシャーのためであろう。

私がのちに仙台高検で検事長をしていた時にはこんなこともあった。

東京地検特捜部が宮城県を舞台としたある事件の捜査をやっていたのだが、この捜査に応援で加わった検事が参考人の取り調べをやっている最中に、相手を突き飛ばすという暴力を振るったのだ。

弁護士からクレームが入り、取り調べの経緯を調べることになり、私も取り調べを行なった部屋を確認したが、確かに参考人がぶつかったという壁のベニア板がへこんでいる。こんな暴力に及んだのも、応援に来たからには何とか検察が望む供述を引っ張り出さなくてはならないというプレッシャーがあったからではないか。

ただ、私が長く在籍した公安部ではそのようなことは求められない。むしろ、公判で被告側にそれを明かされてしまえば、とんでもないことになる。

取り調べした学生たちの中で特に印象に残るのは、三派系全学連の分裂後に結成された反帝全学連の委員長だった藤本敏夫《ふじもととしお》である。「百万本のバラ」や「知床旅情」などで知られる歌手の加藤登紀子の夫でもある。

私は何度も取り調べをしたが、彼は常に礼儀正しく、嫌な太々《ふてぶて》しさが全くなかった。取調室にも「藤本です。入ります！」と言ったのちに一礼して入ってくる。

もちろん、事件の事実関係については、

「黙秘します」

と、隙を見せるようなことはしないのだが、なぜ彼らがそのような行動を取ったのかについては、当時の客観的な政治情勢を説明しつつ、自らの考えをきちんと訴えてきた。

大規模なデモなどでも藤本は常に集団の先頭に立って行動した。こうした時は、常に警視庁公安部の写真班が現場を撮影するために、検挙されるリスクもそれだけ高まる。だが、藤本はそんなリスクよりも運動の指導者としての行動を堂々と取ることができる。そんなリーダーだった。公安部の検事だった私がこんなことを言うのもどうかと思うが、彼には不思議な共感を覚えざるを得なかった。

対照的だったのが、三派全学連の委員長だった秋山勝行《あきやまかつゆき》である。三度も取り調べをやったが、「黙秘します」すら言わずにずっと黙っている。「客観的にここで機動隊とぶつかっているのは否定できないでしょう?」とか「自分のやったことについてはっきり説明しなさい」とあの手この手で説得して、ようやく口を開いたかと思えば、「黙秘します」と話すのみだった。

ともあれ、東大安田講堂をめぐる攻防はテレビで中継され、その視聴率は各社合わせて四五%に上ったという。機動隊に対して学生らが火炎びんや石塊を落とす光景に衝撃を受けた国民も多かったはずだ。学生に対して同情的な世論が大きく変わり始めるきっかけとなった。それは次章で取り上げる赤軍派の活動で決定的となる。

そしてもうひとつ大学紛争がもたらした変化がある。かつて都内の道路、とりわけ歩道には敷石が敷かれることが多かったが、学生らによって剥がされ、機動隊への投石用に使われることが相次いだ。六八年一〇月の新宿騒擾事件では、学生と機動隊が衝突した新宿駅や防衛庁の周辺で合わせて一五トンの敷石が投石に使われたという。

このため、都や区は都道や区道のアスファルト化を急速に進めることになる。特に大学が集中する御茶ノ水や駿河台にかけての一帯からは敷石が一斉に撤去された。

東京の街は大きく変わってしまった。

第四章

赤軍派の時代

多くの学生が参加する全共闘による大学紛争が東大闘争を最後に、勢いを失っていく中で、関西の大学の学生らを中心に、軍事闘争により革命を勝ち取ることを標榜する超過激派グループの共産主義者同盟赤軍派が一九六九年九月に結成される。

赤軍派は、六九年一一月の大菩薩峠《だいぼさつとうげ》事件、七〇年三月のよど号ハイジャック事件、七二年二月のあさま山荘事件と、国内を震撼《しんかん》させる事件を次々と起こしていく。その一方で、重信房子を中心とするグループは、中東へと根拠地を移して日本赤軍を結成。世界各地でテロ事件を繰り返すようになる。

官邸襲撃計画

山梨県の大菩薩峠は中里介山《なかさとかいざん》氏の長編小説で知られる。

幕末の剣客・机竜之助はこの峠を振り出しに各地を遍歴しながら人斬りの道にのめり込んでいく。妻を殺し、失明しても夜の通り魔殺人を重ね、岡っ引きに追われながらもさらにさすらい続ける。未完に終わったこの小説『大菩薩峠』は、道を見失い隘路《あいろ》に嵌《はま》ってもなお彷徨《さまよ》い続ける新左翼過激派を暗示するかのようである。

私も甲府地検時代に登ったことがあるが、とにかくリーチの長い山だ。登山道の途中にはいくつもの山荘がある。

そのひとつに「福ちゃん荘」がある。六九年一一月五日の午前六時、この山荘を山梨県警や警視庁の機動隊員など二七〇人の警察官が取り囲んだ。濃い霧の中、盾やヘルメットなど一五キロもの装備を抱えながらも、音や光をなるべく出さないよう静かに山道を登ってきた。

山荘には二日前から五〇人を超える学生たちが「ワンゲル共闘会議連合」の名前で予約を取り宿泊していた。一行は規律正しく、部屋ではトランプ遊びや漫画を読みふけるくらいで、騒ぐこともなかったという。夜一〇時の消灯時間はきちんと守り、食事の後片付けも率先して手伝うほどで、「さすが大学生」と山荘での評判は良かった。

ただ、山荘の主人の妻が布団を片付けようと部屋を回っていると、一室だけは「ここは大丈夫ですから」と入室を断られたという。

「ドン、ドン」

午前六時過ぎ、捜査員が玄関の戸を激しく叩くと、その音に弾き出されたように、下着にワイシャツを引っかけただけの学生が二階の窓から屋根に飛び降りてきた。一人、二人と見る間に一〇人近くがトタン屋根の上で右往左往する。その音と盾を持って走り回る機動隊員の足音で、山の静けさは一瞬にして吹き飛んだ。

機動隊員が山荘の中に突入すると、まだ布団にくるまっている学生や慌てて服を着替える者もいる。次々と庭に引っ張り出して一列に並べるが、ほとんどが素足か靴下だけ。大捕物は三〇分ほどで終わり、五三人の学生が逮捕され、山から降ろされていった。

学生たちは共産主義者同盟赤軍派（赤軍派）のメンバーである。赤軍派は、共産主義者同盟（ブント）のうち、より攻撃的な武装闘争を求める関西の大学の学生らを中心にこの年九月に結成されたばかりだった。リーダーの塩見孝也《しおみたかや》は京都大学を中退、軍事委員長に就いた田宮高麿《たみやたかまろ》は大阪市立大学の卒業生。この両者の大学の他にも同志社大学や立命館大学、桃山学院大学と関西の大学が拠点とされた。

革命には軍事が不可欠であり、革命は革命戦争によって勝ち取られると主張し、前段階武装蜂起論を掲げた。日本はすでに革命情勢への過渡期にあり、直ちに世界同時革命を導き出すための武装蜂起を敢行すべしというのが彼らの主張である。要するに塩見らは、時代はすでに革命前夜であると捉えていたのだ。

組織の内部では本名を使用せずに仮名を名乗り、幹部との連絡は直接行なわず、中継点を使ってやりとりした。組織のメンバーが芋づる式に捕まるのを避けるためである。角材や投石、火炎びんといった、それまでの新左翼各派が使った武器に飽き足らず、爆弾や銃での武装を進めた。

六〇年代後半に始まった変革を求める学生運動が行き着くところまで行き着いた感がある。その過激な主張や活動から、新左翼の極北とも最左派とも位置づけられる。

赤軍派は六九年九月に大阪府内の三つの派出所に火炎びんを投げ込む大阪戦争や日大紛争に呼応して本富士署に火炎びんを投げ込む東京戦争などを相次いで起こした後に、首相官邸の襲撃を計画する。

決行日は一一月七日。部隊を八つに分け、一部は陽動のため警視庁を襲撃、主力は鉄パイプ爆弾などを使って警備の機動隊を殲滅《せんめつ》して官邸を占拠するとされた。逃げ遅れた警察官がいればこれを捕まえて引き換えに政治犯の釈放を要求することも考えていた。内乱状態を起こすことで革命を誘発しようというのだ。

その訓練を行なうために宿泊していたのが、福ちゃん荘である。決行前日の六日には訓練を切り上げ、千葉県内にある兵舎で一泊してから、五台の車に分乗して官邸を襲撃するとしていた。

山荘の主人の妻が入室を断られた二階の部屋の押し入れからは、ボストンバッグに入れた鉄パイプ爆弾一七本が見つかり、その他にも登山ナイフ三四本や手斧二本、濃硫酸が入った試験管一七本などが山荘内の各部屋から見つかり、全員を凶器準備集合罪の現行犯で逮捕した。濃硫酸は爆弾の起爆剤にあたる。

学生らは逮捕前日には山中において、石塊を鉄パイプ爆弾、立ち木を官邸と見立て爆破させる訓練や、火炎びんを投げる訓練などを実施していた。

その程度の訓練で五〇人ほどの学生が首相官邸を占拠するというのだから、赤軍派の計画は荒唐無稽で粗雑なものとしか言いようがない。

そもそも彼らの動きは早くから警察当局に把握されていた。お手柄は千葉県警である。赤軍派が、近く東京近県の山中で武闘訓練を行なうとの情報を得たのである。これを受けて千葉県警と警視庁が連携して千葉地区の赤軍派メンバーを尾行したところ、一一月三日に福ちゃん荘に入るのを確認した。そのまま五日朝に一網打尽にされるまでメンバーの動きは、逐一捕捉されていた。

しかも、福ちゃん荘は日本百名山のひとつとして人気の大菩薩嶺山頂に向かう登山道の分岐点に建つ、よく知られた山荘である。そのため赤軍派とは無関係の千葉大学のグループ六人も宿泊していて、危うく警察に逮捕されそうになる一幕もあったほどだ。首相官邸襲撃を目前にした秘密訓練を行なう場所として適当でないことは言うまでもない。

さらに、警察ばかりかマスコミにまで情報は抜けていた。先ほど警察官が山荘に踏み込む様子を詳細に再現してみせたが、それができるのは読売新聞の記者が前日の晩から福ちゃん荘に張り込んでいたからだ。逮捕当日の夕刊に同紙は以下のようなルポを掲載している。

〈赤軍派学生は九つの部屋に分かれて静かに眠っていた。昼の訓練がよほどきびしいのだろうか。学生たちのまくら元には、例のマンガ本が散らばっている。文庫本の「大菩薩峠」もあった。雨宮さん（＝山荘の主人）の話では、絶対に暴力学生に見えないという。午前五時、そっと山荘を抜け出て支局と交信、一時間後に〝総手入れ〟があることを知った。

寝込みを襲われた学生たちは革命を目ざす闘士の表情を取り戻すイトマもなかった。次々に引き立てられる学生の表情は痛々しいほどざ折感でいっぱいだった。

押し入れからぞくぞく出てくるパイプ爆弾やナイフと、この表情とのへだたり。山荘の屋根を逃げまどう学生たちの足首は奇妙にか細く、両手を頭にあげたまま山荘前に引き出された学生たちのえり首の白さ、これが〝赤軍派最精鋭〟部隊の実体なのだろうか〉（『読売新聞』六九年一一月五日付夕刊）

逮捕後の取り調べは私も担当した。とにかく赤軍派は世間知らずの坊ちゃんたちのグループのように感じられてならなかった。メンバーの中には高校生もいたが、革命戦士として本当に戦うとはとても思えない。どこか劇画的なのである。

いくら赤軍派の計画が杜撰《ずさん》だったとしても、検察の危機感は非常に強かった。それまでの投石や火炎びんを凶器とした闘争から爆弾の使用へと凶暴化が進んだこと、そして明確な国家転覆の意思を示していたからである。しかも、彼らは猟銃の入手も進めていた。

赤軍派の主力は関西にありながら、その活動舞台は大阪や京都だけでなく、関東や東北の広範囲に及んでいた。火炎びんや爆弾などの武器の準備は、東京周辺の警戒が厳重なこともあって、千葉や茨城、福島、青森、岩手などの各地に分散して行なわれ、さらに本名ではなく偽名を使っていたことから、警視庁で逮捕されても他の府県警で指名手配中の被疑者だと判明するのに時間がかかるなど、捜査は容易ではない。

赤軍派の最高指導部である政治局のメンバーのうち、上野勝輝《うえのかつてる》や八木健彦《やぎたけひこ》は大菩薩峠で逮捕されたが、議長である塩見孝也や軍事委員長の田宮高磨らは、地下に潜伏したままだった。

機内の匂い

警察が最高幹部らの行方を探すのに奔走するなか、大菩薩峠で五三人もの検挙者を出して大打撃を受けた赤軍派は、もはや国内での活動は困難であると判断。海外に新たな根拠地を構える「国際根拠地論」を打ち立てる。それに基づいて進められたのが、七〇年三月の日本航空機よど号のハイジャックである。

この事件のことはよく知られているが、概略を説明しておこう。三月三一日午前七時三三分、羽田空港を飛び立ったよど号が富士山上空に差しかかったところで、九人の男たちが一斉に立ち上がった。

「手を挙げろ！」

乗客に向けて怒鳴った男たちの手には日本刀や鉄パイプ爆弾。リーダーは赤軍派軍事委員長の田宮だった。飛行機を北朝鮮の平壌に向かわせるよう要求した。

じつはハイジャックは、四日前に実行されるはずだった。ところが、実行犯の中には飛行機に乗るのも初めてというメンバーも少なくない。なにせ最年少の柴《しば》田《た》泰弘《やすひろ》に至っては当時、一六歳だった。飛行機の搭乗手続きのために出発時間より十分に早く空港に到着していないといけないということを知らなかったのだ。

結果として乗り遅れたメンバーもいたことから仕切り直しとなり、三月三一日に行なうことになった。

海外では六八年からハイジャックが多発するようになり、六八年に二件、六九年に六件も起きていたが、日本の航空会社の対応は鈍く、機内持ち込みの荷物を検査するという意識はあってなきが如し、金属探知機もまだ導入されていなかった。犯人らは製図用の筒に日本刀を隠すなどして易々と武器を持ち込んでいた。

よど号は福岡空港に給油のために立ち寄り、女性や子ども、老人に限って解放すると、三一日一三時五九分に再び飛び立つ。そのまま乗客乗員一〇六人を人質にして日本海を北上した。平壌に向かうためである。

三八度線を越えたところで西へと曲がり、そろそろ平壌と思われた頃に機体は左旋回して、韓国のソウル近郊の金浦《キムポ》空港に降り立つ。

なぜ平壌でなく左旋回してソウルに降り立ったのか。韓国当局が金浦空港を平壌の空港と偽装して北朝鮮に向かわせないようにしたためと思われ、チマチョゴリを着た女性らによる偽の歓迎までしようとしたが、犯行グループに見破られてしまう。ただ、このあたりの経緯は、まだ明らかになっていないことも多く、判然としない。

ともあれ、金浦空港では韓国当局が人質を解放するよう丸三日間にわたって説得を続けた。乗客の我慢が限界に達した四月三日、すでに日本から駆けつけていた山村新治郎《やまむらしんじろう》運輸政務次官が代わりの人質となることを申し出ると、田宮ら赤軍派の犯行グループも同意。乗務員および乗客を降ろし、身代わりの山村政務次官を連れて北朝鮮へと向かった。

この事件は日本で初めてのハイジャック事件である。ハイジャックそのものを取り締まる法律もなく、警察でもどの部署が担当するのか、議論になったという。

強盗になるのなら、刑事部の捜査一課、赤軍派による犯行であることに着目すれば、公安部の公安一課、財物強取を目的とした行為ではなく、北鮮の平壌に飛ぶための交通手段としてよど号を乗っ取ったとすれば、「使用窃盗」にあたり、捜査三課であるとの主張まであった。使用窃盗とは、駅の駐輪場などで鍵の施錠されていない自転車を見つけ「後で返す」つもりで一時的に拝借するような行為のことを指す。

ハイジャックされたJALの機体

航空機の強取等の処罰に関する法律、いわゆるハイジャック防止法が成立するのは、この事件を受けてのことである。

よど号は機長や副操縦士、機関士、そして山村政務次官を乗せて四月五日午前九時一〇分に羽田空港に帰着した。ただし、田宮ら赤軍派の九人はそのまま平壌にとどまり亡命する。

田宮らは「最後に確認しよう。われわれはあしたのジョーである」で締めくくる声明文を残したが、彼らは漫画の主人公だった矢吹丈のように燃え尽きたと言えるのだろうか。

北朝鮮で軍事訓練を行ない、秋には日本に再上陸して革命を起こすとしていたが、そのまま飼い殺しのように平壌に留め置かれ、田宮は九五年に病死したとされる。

北朝鮮政府から手厚い保護を受けているとみられるが、メンバーの一部やその妻らは欧州での日本人拉致に関与したとして警察庁から国際手配され、事件から五〇年以上経った今でもかの地から帰国できずにいる。

よど号が帰ってくると、早速、機内の検証が始まった。私は検証には立ち会っていないが、金浦空港にいる間に韓国当局から差し入れられたキムチに多くの乗客が手をつけなかったらしく、機内は凄まじい匂いになっていたという。

私たちは手分けして乗客や乗員、さらには日航や福岡空港の関係者らに取り調べを行なった。乗客には福岡で開かれる内科医の学会に参加する予定だった者が多く、その一人だった聖路加病院の内科医長だった日野原重明《ひのはらしげあき》氏を担当した記憶がある。

クリスチャンだった日野原氏は、人質からの解放が決まり金浦空港に降り立った時に、「これからの命は与えられた命だ」と感じたそうだ。一〇〇歳を超えても現役の医師として人の命を救うために活躍したのは、その経験からだろう。

それにしても当時のマスコミの取材攻勢は凄まじかった。人質が解放される前からソウルには大勢の新聞やテレビの関係者が殺到したが、帰国してからは自宅や職場にまで記者が押しかけていく。その取材攻勢に応じて機内での出来事を事細かにしゃべってしまう乗客がいるのには閉口した。取り調べがやりにくくて仕方ない。

乗客の中には緊迫感漂う機内の状況をメモしていた人が少なくない。

そうしたメモには、突然にハイジャックに巻き込まれたことへの恐怖や戸惑い、そして生きて帰ることができるのかという不安が綴られているだけでなく、空調が切られ、蒸し風呂のようになった機内で極限状態になっていく人質らの様子が見て取れる。

そんな中にあって、勇敢な乗客らは犯人たちを取り押さえる隙を窺っていたようだが、相手は日本刀や爆弾で武装している連中だ。結局、できず仕舞いとなった。

その一方で、話題となったのは、人質となった乗客の多くが犯行グループについて「礼儀正しかった」「まじめで危害を加えられるとは思わなかった」など同情的な見方をしたことだ。解放後の記者会見で「同じ学生として、赤軍派の犯人たちは、私が日頃見ている学生たちよりもキビキビして良い印象を受けた」と発言して顰蹙《ひんしゅく》を買った女子大生までいた。

いわゆるストックホルム症候群が起きていたのである。長時間、狭い機内で極限的な体験を共有するうちに、犯人に対する共感のような心理的つながりを築いてしまっていた。乗客らが解放される前の晩には、機内でお別れパーティーが開かれ、田宮が詩吟を吟じてみせている。唐代の詩人・王維《おうい》の「陽関三畳《ようかんさんじょう》」である。

「君に勧む更に尽くせよ一杯の酒。西の方陽関を出づれば故人無からん」

これに乗客の一人が小林旭の「北帰行」を歌って返したというのは有名な話である。

「北へ帰る　旅人ひとり　涙　流れてやまず」

旅立つ側と見送る側があべこべになっているが、こうした心情は乗客の聴取をしていても感じられ、解放されタラップを降りる時に犯人に向かって「これから頑張れよ」と声をかけた者までいたというのには呆れた。被害者意識がなくなってしまっているのだ。

この時の公安部による取り調べで特筆すべきは、部内で最も若手の検事だった内田健《うちだけん》氏のことだろう。

犯行グループのうち、田宮こそ機内で本名を名乗っていたが、残る八人のメンバーは偽名を名乗っていたこともあり、身元の特定が進まない。機内に残されていた大量の指紋を警視庁の鑑識課が採取して、これまでに逮捕歴がある者との照会を進めていたが、あまりに数が多く、すべて終わるのに半年もかかるのではないかとみられていた。

そんな中、内田氏は乗客から犯人が東大闘争に加わり警察に捕まったことがあると話していたとの供述を得た。それをもとに東大での逮捕者に限って照会したところ、たちどころに身元の特定につながるという大手柄を挙げたのである。

なお、この内田氏のお手柄は、事件後に国会でどうやって被疑者を特定できたのかと質問されたことから、その経緯を報告する過程で竹内壽平《たけうちじゅへい》検事総長の知るところとなった。改めて公安部長と内田氏が総長室に呼ばれて説明したところ、竹内総長から「よくやった」とお褒めの言葉があり、「これを使いさない」と胸のポケットから自らが使っていた万年筆を手渡されたという。

検察には警察と違って事件処理に功績を挙げたからといって組織のトップから表彰をされる文化はない。ただ、この時ばかりは内田氏の功績が大であるということだったのだろう。

こうしたことがあったとはいえ、犯人たちの身柄は日本の司法の手が届かない北朝鮮にある。実行犯を直接取り調べして裁判にかけることができないことに、当然ながら私たちはやるせなさを覚えた。

国際根拠地論に基づいて海外に根拠地を設ける。そうした彼らの荒唐無稽な計画を実現するための場所としてなぜ北朝鮮が選ばれたのか。じつは当初、渡航先としてイメージしていたのはキューバだったという。

塩見自身の回想録『赤軍派始末記　元議長が語る40年』によると、六九年の末頃に塩見や田宮は在京のキューバ大使館の職員と接触を重ねていたという。

国際根拠地を設けるためにキューバに行くつもりだという塩見らに、大使館の職員は「来るのだったら受け入れる」と答えていたという。

〈その時は冗談っぽく、「君たちは来るんだったら、どんな手段で来るんだよ」と聞くから、「キューバへは、ハイジャックでどうだ」と言った。そしたら（職員は）「カミソリ一枚あったら、パイロットを脅してボンボン行ける」とか、冗談めかして言った。僕は「へーっ！」と思ったし、田宮は「これだ！」と思ったらしい。そんな話ですよ。それで、本気で考えたんだな……〉

ところが、赤軍派の国際部長だった小俣昌道《おまたまさみち》をキューバに派遣して内情を調べたところ、キューバ革命の指導者の一人だったチェ・ゲバラが死亡して以来、路線転換でキューバが穏健化しており、軍事訓練を望む彼らを受け入れることは容易ではないと判明した。

それに遠く離れたキューバには、ハワイ、メキシコと二、三回トランジットが必要で「こりゃ無理や」「そんなら朝鮮経由しかないな」となったのだという。

〈とりあえず近い「朝鮮」かなと思って、朝鮮総連に行って色んなパンフレットをもらった。「ともかく、朝鮮語勉強せんとあかん、これから世話になるから、金日成伝とか読まんとあかん」ということで、一夜漬けだけどみんな読んだんです〉

その塩見はハイジャックを決行する直前の三月一五日に都内の駒込で警視庁の捜査員に逮捕された。この時に押収された塩見のノートには「J・H」とあったが、それがハイジャックのことを指すとわかったのは、よど号事件の後のことである。

塩見はよど号事件の共同共謀正犯、さらには官邸襲撃計画の首謀者として破防法違反でも起訴された。塩見の周辺の関係者を逮捕し追及していく捜査の過程で発見されたのが、塩見の革命構想を記した、いわゆる「塩見メモ」である。

当初は何を示すものか判然としなかったが、よど号のハイジャックにより、北朝鮮で軍事訓練を受けるという彼らの構想が明らかになり、メモの内容も読み取ることができるようになった。それによると、海外での軍事訓練は第一次から第三次まで三段階に分かれて合計二三〇人程度が行ない、順次帰国。七〇年一〇月には首都制圧を行なうというのである。先ほども述べたが、やはり劇画のようで現実感に乏しい。

重信房子

塩見が逮捕され、田宮が北朝鮮へと行き、空席となった赤軍派の指導者になったのは、大阪市立大出身の森恒夫《もりつねお》だった。同じ大学の先輩である田宮の引きで学生運動にのめり込んでいったとされる。

森が指導者となってからの赤軍派がどのような道をたどったかは、よく知られている。すでに学生運動が下火となっていく中で森が進めたのは、永田洋子《ながたようこ》率いる京浜安保共闘革命左派との合流である。

七一年七月に両派の軍事組織が統合して結成された連合赤軍は、警察の追及を逃れ、軍事訓練を重ねる場所として山岳にベースを構えるようになる。

一二月から翌年二月までに南アルプスから群馬県の榛名山、迦葉山《かしょうざん》、妙義山へとベースを転々としながらも、指輪をしていたなど些細なことから森や永田は同志であるメンバーに総括と称する反省を求め、これに集中させるためとして、長時間の正座や食事を与えないなどした挙げ句、ついには他のメンバーによる殴打などのリンチを加えるようになった。

これを森は「殴って気絶させることで、目覚めた時には別人格に生まれ変わり、共産主義化された真の革命戦士になれる」という論理で正当化。極寒の山中で繰り返された暴力により、一二人もの同志殺しが行なわれた。

森と永田は資金調達のために東京に出て山岳ベースに戻る最中に群馬県内で警察に逮捕されるが、残ったメンバーらは、山中の県境を越えて長野県へと転戦を図り、最後は河合楽器製作所の保養所であるあさま山荘で、管理人の妻を人質に立て籠もり、警視庁や長野県警の機動隊を相手に一〇日間にわたる銃撃戦を繰り広げた。

テレビはこの銃撃戦を連日、生中継で伝え、NHKと民放各社あわせて視聴率は九〇％近くに達したが、警視庁第二機動隊の内田尚孝《うちだなおたか》隊長、特科車両隊の高見繁光《たかみしげみつ》中隊長が銃撃によって亡くなった。

生前の内田隊長には警備実施状況について幾度も聴取したことがあり、私もよく知っていたが、優れた指揮官だった。勇猛果敢で部下よりも前に出て行くタイプである。それゆえ犯人らに狙われたのだろうと思うと、なんとも犯人を許せない。

事件が一〇日間も長期化したことについて、犯人が射殺されると、「殉教者」として神格化されることを嫌った警察庁の後藤田正晴長官が生け捕りの方針を示したことが背景にあるとされる。

殉職した二人の警察官の通夜に出席した後藤田長官は記者会見を開き、「警察とはつらいものだ」と吐露した上で、さらにこう述べている。

「反省する点も多いが、警官の死はわれわれとして最善をつくした上での殉職だった。腸がちぎれる思いだ。相手を射殺することは簡単だが、人質を撃ってはならないという手足をしばられた条件での警察活動だからつらい」

有事においてどう判断するのがベストなのか。トップにある者は常に厳しく問われるものだ。

私は連合赤軍による一連の事件の取り調べには関わっていない。よど号事件が終わった後の七〇年八月に札幌地検へと異動になったからだ。それでも捜査の推移には大きな関心を持って見守っていた。

立て籠もり事件後に待っていたのは、群馬県の山中の土の中から次々と発見される連合赤軍メンバーの遺体だった。その凄惨な事件現場を目の当たりにして、世論は完全に学生運動から離れていった。

同志殺しには人間が持つ獣性を改めて痛感させられた。同志を疑い、総括の名のもとに殺害する。そこに理性は働かず、狂気が支配する。

これまで犯罪捜査を重ねた経験から言えば、人を狂気に駆り立てるのは、恐怖心であろう。仲間にやられないようにするには、自分が仲間をやってしまうしかない。そうした意識がエスカレートしてあのような惨状を生んだと思われる。

この事件の捜査ではのちに検事総長となる松尾邦弘《まつおくにひろ》氏が連合赤軍のナンバー2だった永田洋子の取り調べを担当して、彼女からの信頼を勝ち取り、供述を引き出すのに成功している。

学生らには反権力というよりも、世の中に対する反発から行動していた面がある。松尾氏は検事臭さがなく、素直に被疑者のことを見ることができる人だ。永田を落とすことができたのも、彼らの主張に丹念に耳を傾け、その行動原理の解明にあたったからであろう。

首謀者の森恒夫は、翌七三年の元日に東京拘置所の独房で自殺しているのを発見される。残された遺書にはこう綴られていた。

〈一年前の今日の何と暗かったことか。この一年間の自己をふりかえると、とめどなく自己嫌悪と絶望がふきだしてきます〉

赤軍派には、森に率いられて連合赤軍の結成へと突き進んだグループとは別の動きもあった。

その中心にいたのが重信房子《しげのぶふさこ》だ。重信は明治大学の夜間部に通ううちに、学費値上げへの反発から始まった明大闘争に参加。その後、いくつかの党派を経て赤軍派へと合流していく。

当初は赤軍派で議長の塩見、軍事委員長の田宮に次ぐ幹部で、組織委員長だった堂山道《どうやまみち》生《お》の秘書的な存在だったとされる。米国発の人気ドラマ「奥様は魔女」にちなんで「魔女」のニックネームで呼ばれていた。

塩見らが逮捕され、田宮が北朝鮮へと渡り、指導部が壊滅状態となる中で、彼女は森の路線にも反発し、国際根拠地論に基づいて中東に海外基地をつくる動きを始める。七一年二月に京大出身で京大パルチザンのメンバーでもあった奥平剛士《おくだいらつよし》と偽装結婚して、戸籍上の名前を「奥平房子」にすると、その名義でパスポートを取得。日本を出国した。

重信や奥平は、イスラエルからのパレスチナ解放を目指すパレスチナ解放人民戦線（ＰＦＬＰ）に国際義勇兵として参加し、レバノンに根拠地を構える。そこへ同じく日本を出国した安田安之《やすだやすゆき》や岡本公三《おかもとこうぞう》らも続々と合流する。

七二年五月、重信らはＰＦＬＰの協力要請に応じてイスラエル最大都市テルアビブのロッド空港の襲撃を計画する。パリ発のエールフランス機でテルアビブ空港に着いた奥平、安田、岡本の三人は、スーツケースから取り出した自動小銃を旅客ターミナル内で無差別に乱射、二六人を殺害、八〇人に重軽傷を負わせた。奥平と安田は持っていた手榴弾を両手で持って顎の下にあてがい自爆、岡本のみ拘束された。このような自爆方法をとったのは、指紋や顔といった身元を特定できるものをバラバラにするためだと思われる。

三人はアラブで英雄とされるようになるが、日本の捜査当局にとっては衝撃に他ならなかった。赤軍派が国内にとどまらず国際紛争の真っ只中の中東で、市民を無差別に巻き込むテロ事件を起こしたからだ。日本の当局は何をやっているんだという厳しい視線が、世界中から注がれたのは当然のことである。

テルアビブの空港での事件の後、重信らは自らを「日本赤軍」と名乗り、さらなる事件を次々と引き起こすようになる。

七三年七月に中東のドバイで日航機をハイジャック、七四年一月から二月にかけてシンガポールのロイヤル・ダッチ・シェルの石油精製施設を爆破、従業員らを人質にしてボートで逃亡を図るシージャック事件を起こす。

七四年九月には、オランダのハーグにあるフランス大使館を占拠。フランスで勾留中の赤軍メンバーの山田義昭《やまだよしあき》の解放を要求したことから、フランス政府はこれに応じて山田を釈放した。

そして七五年八月、マレーシアのクアラルンプールにある米国およびスウェーデン大使館を占拠して、中にいたスウェーデンの臨時代理大使や米国の領事ら五二人を人質とした上で、日本政府に勾留中の赤軍派メンバーである坂東國男《ばんどうくにお》や坂口弘《さかぐちひろし》など七人を釈放するよう要求する。

ワシントンで日米首脳会談が開かれる前日というタイミングだ。官房長官を本部長とする対策本部での協議の結果、日本政府は犯人側の要求に屈し「超法規的措置」として釈放することを閣議決定した。これに布施健《ふせたけし》検事総長は強く反対したが、稲葉修《いなばおさむ》法務大臣が指揮権を発動することで強行した。

日本政府がこのような対応を取った背景には、人命の尊重ということもあったのだろうが、人質の中に米国の外交官が含まれていたことが大きかったように思う。首脳会談を前に米国の外交官を巻き添えにするわけにはいかなったということだ。当時の三木武夫《みきたけお》首相は「犯人たちはまた逮捕すればいい」と釈放を指示したという。

七三年三月に東京地検公安部に戻った私は、この一件にも関わることになった。最高検での釈放の手順を決める会議が終わると、私たち公安部の検事たちは、辰巳信夫《たつみのぶお》部長とともに小菅の東京拘置所に向かった。日本赤軍が釈放を要求した七人のうち、保釈中の一人と宮城刑務所で服役していた一人を除く五人に、釈放に応じるつもりがあるか、手分けして意思確認をするためである。

八月四日の深夜のことである。いくらクアラルンプールで人質を取られているとはいえ、いずれも重大事件の被告である彼らを釈放するとの政府の決定に、本来なら憤慨し、暗澹《あんたん》たる気分になるはずのところだが、私は努めて感情を昂《たかぶ》らせないようにしていた。そうでもなければ、こんなことはやっていられない。

母親の懇願

正直に言うと、私はこの時のことについて記憶があまりない。感情を抑えて事務作業に徹していたからだろう。ただ、当事者のうち、連合赤軍のナンバー3だった坂口弘氏が、この時のことを著書で述懐している。彼の意思確認を担当したのは私ではなく、公安部の同僚だった赤塚《あかつか》健《かつよし》検事だ。

坂口は山岳ベースでの「同志殺し」やあさま山荘での立て籠もり事件など一六件の殺人、一件の傷害致死、一七件の殺人未遂で起訴されていた。

〈夜九時の就寝時間には規則通り布団を敷いて横になった。一時間位してから、房の扉が開いた。宿直の看守が覗き込みながら、

「坂口、検事さんが呼んでいるから、ちょっと来てくれないか」

と言った。これは、日本赤軍が私の奪還を要求しているに違いないとピーンと来た。
七、八名の看守に別棟の新舎に連れて行かれ、エレベーターに乗って三階の取り調べ室に連れて行かれた。中に入ると、公判担当の赤塚健検事が事務官と共に机の向こうに座っていた。
「私は赤塚というものだが」

と改まって言うので、

「分かっています。いつも法廷であっているじゃないですか。用件を早く言ってください」

と答えると、赤塚検事は書面を手にし、

「本日、日本赤軍と称する者たちが、マレーシアの首都クアラルンプールのアメリカ・スウェーデン両大使館に立て籠もり、大使ら五三名を人質にとって君の釈放を要求している。これに対し日本政府は君の意向を訊きたいということだが」

と読み上げげた。案の定だ、と思った。重要な要件なので、

「もう一度繰り返して下さい」

と頼んだ。赤塚検事は、再度書面を読み上げた。

「拒否」の返事は、房を出る時から決めていたが、「日本政府云々」とあるのが引っ掛か

り、説明が終わってからも黙っていた（後で弁護人が法廷で問題にしたが、私の身柄を拘束しているのは東京地方裁判所であるから、内閣が同地裁の頭越しに身柄を云々することは出来ないのである）。

赤塚検事の机の上に小型の録音テープが置かれていたので、余計なことは言うまいと思い、

「答える必要ないと思います。房に帰ります」

と言った。これが私の奪還拒否の回答だった。みすみすチャンスを逃したことへの口惜しさとか無念の気持ちとかいったものは無かった。「拒否」は、私にとって選択の余地も無い程ハッキリした回答だった〉（坂口弘著『あさま山荘1972続』）

私たちは意思確認を済ませると、それを拘置所の所長室で待機している辰巳部長に報告した。坂口は国内に留まることを選んだが、要求があった七人のうち五人は釈放に同意して八月七日にリビア行きの飛行機に乗り込み、日本赤軍へと合流した。

釈放に同意した五人のうち、連合赤軍のメンバーとして坂口と同じく、あさま山荘に立て籠もった坂東國男は意思確認にこう述べている。

「日本政府は日本赤軍の要求に応じて、当然われわれを釈放すべきだ。自分は革命のためならどこへでも行く」

坂東の母親は東京地検に電話してきて、「國男を出国させないようにして下さい」と懇願したというが、坂東はそれを振り切っての合流である。坂東の両親は大津で旅館を営んでいたが、父親はすでにあさま山荘事件の最中に自殺していた。

革命の大義のためにどれだけの人を傷つけ犠牲にしたのだろうか。

辰巳部長はあの晩のことをこう記している。

〈私一人が深夜から真夏の夜が白んで明けるまで、(拘置所の)所長室に待機していた。営々辛苦のすえ訴追した彼らをその意思により更なる悪を犯す場に放つことの無念さと、放たれた彼らが魔鳥となって世界に跳梁跋扈することへの不安とが、こもごも去来して暗澹たる思いに沈んだことであった〉(『公安部三十年史』)

日本赤軍はクアラルンプール事件での成功に味をしめたのであろう。

その二年後の七七年九月には、バングラデシュのダッカで日航機をハイジャックして、日本政府に国内で服役中の奥平純三《おくだいらじゅんぞう》や城崎勉《しろさきつとむ》ら九人の解放と現金六〇〇万ドルを要求した。

実行犯には、クアラルンプール事件で釈放された坂東國男《ばんどうくにお》や西川純《にしかわじゅん》、佐々木規夫《ささきのりお》が入っており、二年前の超法規的措置が日本赤軍の活動のいっそうの活発化を招いたとも言える。

この事件でも法務大臣や検事総長の反対を押し切って福田赳夫《ふくだたけお》首相が「一人の生命は地球より重い」と述べて犯人側の要求に応じる決断をした。

重信が日本出国にあたって偽装結婚した相手である奥平剛士の弟である奥平純三ら六人が釈放、出国した一方で、連合赤軍の植垣康博《うえがきやすひろ》が「日本に残って連合赤軍問題を考えなくてはならない」と述べるなど三人は拒否した。

なお、この時に日本赤軍が釈放を要求した九人の中には、強盗殺人で服役中の泉水博《せんすいひろし》など思想犯ではなく刑事犯も含まれていたが、その理由はよくわからない。

一方、日本政府の対応と対照的だったのが、ダッカ事件の翌月に起きたルフトハンザ航空のハイジャック事件での西ドイツ政府の対応である。

ドイツ赤軍とパレスチナ解放人民戦線（ＰＦＬＰ）のメンバー四人によって起こされたこの事件では、犯行グループは収監されているドイツ赤軍の幹部らの釈放と現金一一〇〇万ドルを要求した。明らかに日本赤軍の前例を踏襲しての犯行だろう。

ところが、西ドイツ政府は犯行メンバーの要求に応じることなく、アフリカのソマリアのモガディシュ空港に着陸していたハイジャック機に、西ドイツ国境警備隊の特殊部隊（ＧＳＧ－９）を突入させる選択を採る。結果、ハイジャック犯の三人を射殺、一人を逮捕して、人質全員の救出に成功した。その鮮やかな成果に世界が衝撃を受けた。

それにしても、彼我のこの対応の差よ。この事件の後、遅ればせながら日本でも警察に対テロの専門部隊が創設されることになる。のちのSATである。

日本赤軍の活動は、八六年五月にインドネシアのジャカルタで、日本大使館や米国大使館をロケット弾でねらった事件を起こして以降、停滞していく。この後は、国際指名手配が効果を発揮するようになり、各国でメンバーの拘束が相次ぎ、根拠地としていたレバノンからも締め出されるようになる。冷戦構造の変化で、日本赤軍を水面下で支援していた東側陣営からの庇護を得られなくなったことも大きいだろう。

そうした中で、二〇〇〇年一一月、偽造旅券で入国し日本国内で潜伏していた重信が高槻市内で逮捕される。その三年前には極秘に帰国し、逮捕されるまで偽造旅券を使って北京や上海、マカオ、ホーチミンなどに計八回も出国していたという。坂東國男らメンバー七人は依然として逃亡中だが、〇一年四月に重信は獄中から日本赤軍の解散を宣言した。

じつは私は重信の取り調べを担当したことがある。彼女が七〇年五月に大菩薩峠事件での殺人予備罪で逮捕された時のことだ。当初の担当は私の先輩である大熊昇《おおくまのぼる》氏だった。豪放磊落《ごうほうらいらく》で親分肌のベテラン検事だったが、彼女とはどうも合わなかったらしい。途中から私にバトンタッチした。

逮捕にあたり新聞では彼女のことを「最高幹部」とする報道もあったが、大菩薩峠事件の前の段階では、彼女は赤軍派指導部の秘書的な存在に過ぎなかった。指導部による会議に出席するメンバーでもなかった。

ただ、お茶など飲み物を出す役割をしていたので、会議が行なわれた場所で誰がどこに座り、どんな話をしていたか図面を描きながら説明してくれた。彼女は取り調べで黙秘することなく、割と素直に応じていたというのが私の記憶だ。

不起訴処分

私は公安事件の被疑者を取り調べるにあたって、あらかじめその被疑者の人物像を徹底的に調べ上げるようにしていた。必要とあれば、被疑者の小学校や中学校時代の様子を当時の先生などに尋ねることを警察にやらせることもあった。

家庭環境はどうだったか、子どもの頃にどんなエピソードがあったのか、大学ではどんな友人たちと付き合っていたか。そうした人物像を描き出しておかないと、全人格をぶつけての取り調べなどできない。中学校で担任の先生とこんなことがあっただろうとぶつけられると、相手は自分のことをそこまでわかってくれているのか、となるものである。

さらに必要だとなれば、被疑者に縁のある土地に向かい、自分の足で情報を集めることもあった。重信の場合、彼女のゆかりの地は鹿児島県である。彼女自身は東京生まれだが、重信家のルーツは、薩摩半島を流れる重信川という川の流域にある。当然ながら私は鹿児島にも足を運んだ。そして彼女の母親にも「房子さんはどんな人ですか」と直接、話を聞きに行ったこともある。

そうやって情報を集めていくと、なぜ被疑者がそのような行為に及んだのか、おぼろげに浮かび上がってくる。軽はずみにやったのか、じっくり判断した上でのことなのか。それが見えてくるようになると、怒鳴りつけてまで自白を取ることは必要でなくなるのだ。

彼女の場合は、父親の影響が大きかったのではないかと思う。父親は戦前に要人暗殺というテロリズムによって昭和維新を実現しようとした血盟団と関わりを持ち、中心メンバーだった四元義隆《よつもとよしたか》氏と親しかったという。

彼女の著書『はたちの時代　60年代と私』には、警察に逮捕される時も、彼女の父に「そうか、がんばってこい」と見送られたとある。テルアビブでの乱射事件の後に彼女の父親が雑誌『文藝春秋』に寄せた手記によると、娘が外国に行くと言い出した時に「もどるな」とだけ言ったそうである。

〈どこへ、何をしに行くのか、知っていたわけではない。だが、革命家というのはいつも、大きな流れの中で寂しくてきびしい思いをするものだ。失敗すればもちろん、かりに成功したところで（その可能性はなきに等しいと思うのだが）、生きて還る望みはまずないことだろう、空になって還れ、私はそういうつもりだった。革命とは死ぬことと見つけたり――今は語りたくない私の経験が、そう教えるのである〉（『文藝春秋』七二年八月号）

二〇代の娘が革命のために中東へと旅立つのを「生きて還る望みはまずないことだろう」と突き放す親がいるだろうか。

父親の手記には、こうもある。

〈歴史の大きな流れのために、私は革命は時に必要なものだと考えている。むろん、時の権力者はそれを許さないだろうが、日本でも大化の改新とか明治維新とか、立派な革命があった。

（中略）ただ、房子の言う赤軍の世界同時革命という理論だけは、私は最後まで反対だった。大化の改新の場合でも、中大兄皇子一派の企みが一日前に発覚していたら、蘇我氏によって革命は挫折してしまっただろう。革命はそれほど微妙であることを、私は指摘した。二・二六事件のときも、あれほど軍備その他めんみつな計画を練りながら、ついに失敗したむつかしさを、私は説いた。一国の革命すらそれほど困難なのに、まして世界同時になどと考える赤軍の甘さを、私は力説した〉

いくら机上の空論に過ぎないと繰り返しても、娘は自説を曲げようとせず、最後は人知れず日本を脱出した、彼女が奥平と結婚したことも知らなかったと淡々と明かしている。

彼女の周辺を調べるうちに聞いたのが、連合赤軍のリーダーだった森恒夫が重信の実家に訪れたことがあったという話だ。どうやら森は重信に惚れていたようなのだ。

重信は森が採った路線を否定し、「同志殺し」を非難し続けた。その後の赤軍派がたどった変遷には、二人の関係が何か影響していたのだろうか。

結局、私は大菩薩峠事件への関与の度合いが薄いとして、彼女を不起訴処分とした。お茶を出していた程度の役割しかしておらず、武闘訓練の謀議にも深く関わっていないと判断したためだ。

「もう二度とこのような活動と関わってはならないよ」

そう諭す私の話を彼女は神妙に聞き、「もうグループとも決別します」と話していた。

私もこの様子なら大丈夫だろうと思った。

釈放後の彼女は週刊誌に手記を寄せ、その中で私を「兄に非常によく似た検事」と書いていた。この記事を読んだ公安部の近松昌三《ちかまつしょうぞう》副部長からは、「おい、おまえ重信に惚れられたんじゃないか?」とよく揶揄《からか》われたものだ。

だからこそ、その後彼女が日本を出国し、中東を拠点に各地でテロ事件を引き起こす「大物テロリスト」となったことには、驚きの気持ちを禁じ得なかった。

もし自分があの時に不起訴にしなければ、彼女はテロリストとなることもなく、日本赤軍による一連の事件も起きなかったのではないか。そんな思いがなくもない。

〇〇年一一月に彼女が大阪で逮捕された時、私は当時すでに検察官を退官して弁護士となっていたが、取り調べを担当していた検事のもとに会いに行ったことがある。

「もし彼女が黙秘しているようなら、私が説得してもいいですよ」

そう担当検事に伝えた。何かの助けになるのではないかとの思いがあったからだ。それに私には、あの時に不起訴にした責任もある。

担当検事からは「いいえ、結構です」との返事があった。

重信は前掲書で私のことを以下のように書いている。

〈私の不起訴を最終的に判断したのは、尋問を担当した緒方検事でした。緒方検事は大熊検事より一回り以上も若手で、磊落に振る舞う大熊検事とは対照的に、礼儀正しく真面目そうな人物でした。

この七〇年五月末、私を不起訴判断にした後、三〇年を経て既に、検事職を退いていた緒方検事は、二〇〇〇年十一月の私の逮捕後、私の担当検事を訪ねて来たそうです。当時の自分は、彼女の起訴、不起訴を決定する任にあったが、前途ある若者であり、関与も僅かな事で、不起訴処分とした。その結果、彼女はその後アラブに渡り、数々の事件に関わったようだが、当時の自分の判断は正しかったと確信しているが、そうではなかったのかと、確かめたくなったのだと言っていたそうです。

その後、この緒方検事の消息は朝鮮総連本部の建物敷地に関する取引で逮捕、起訴有罪判決を受けている事を、新聞で知りました。人間的情のある数少ない検事だったのかと、思い至ります〉

人のめぐり合わせとは不思議なものである。

第五章　爆弾闘争

戦後最悪の爆弾テロ事件となったのが、一九七四年八月に起きた三菱重工ビル爆破事件である。死者は八人、ケガ人は三七六人に上った。事件を起こしたのは、過激派グループの東アジア反日武装戦線である。過激派による武装闘争は、角材や投石から火炎びんを経て、ついに殺傷能力が極めて高い爆弾の使用へと至った。

警視庁の執念の捜査により犯行グループを一斉検挙できたが、取り調べの過程では、彼らの驚くべき計画も明らかになる。

桐島聡

二〇二四年一月一四日の昼下がりのことだ。神奈川県藤沢市の路上に、青いジャンパーを着た男がうつぶせで倒れているのを、近くに住む夫婦が見つけた。〈車を道路脇に止めて近づいたところ、男性は自力で体を起こすことができず、近くに嘔吐した跡があった。男性は小さくかすれた声で「胃のがんで、うまく言葉が話せないんだ」と言ったという。

「救急車を呼びましょうか」と声を掛ける夫婦に、男性は「近くのスーパーマーケットにどうしても行く」と答えた。夫婦が「この体では無理だ。必要なものは私たちが買ってくる」と説得すると、男性は「ソーダ味のアイスキャンディー『ガリガリ君』とマスクメロン、箱のティッシュ」を求めたという〉（『毎日新聞』二四年一月二八日付）

男は自宅アパートに運ばれたが、その後、意識を失う。救急車で鎌倉市内の病院に救急搬送された。病院で「内田洋」と名乗った男は、末期がんを患っていたことから入院することになる。健康保険証など本人を証明するものを所持していなかったが、それから一日後、自分の本名は「桐島聡《きりしまさとし》」だと明かした。

病院からの通報を受けた神奈川県警は、すぐさま警視庁に伝達。警視庁公安部の捜査員がその日のうちに病院で桐島に接触した。

桐島は、七四年から七五年にかけて都内で発生した「東アジア反日武装戦線」による連続企業爆破事件に関与したとして、指名手配されていた。四九年もの間、逃亡生活を続け、途中、広島県内の実家に「逃亡する金がいる」と電話するも、応対した父親から自首するよう懇願されると、「組織があり、自首できない」と拒絶したこともあった。行方《ゆくえ》は杳《よう》として知れなかったが、偽名を使って藤沢市内の土木会社に住み込みで働き、駅前の幾つものバーで常連客となり酒を飲んでいたとされる。

死の間際に至り、真実を語ろうと思ったのか。公安部の事情聴取に家族構成など本人しか知り得ない事実を語り、事件の一部についても関与を仄《ほの》めかしたという。最終的には親族のＤＮＡ型との照合の結果、本人だと特定された。

桐島は、捜査員から「後悔しているか」と問われ、「はい」と答えたと報道にある。桐島が死亡したのは、本名を明かしてから四日後のことだった。


一九七〇年代になると、新左翼による武装闘争は爆発物を用いた爆弾闘争の時代へと入っていく。当初は威力も弱く、不発が多いなど技術的にも稚拙《ちせつ》で、その目的も爆発によって世間の注目を集めることに主眼があったように思われる。

だが、七一年六月の明治公園爆弾投擲事件によってその様相は一変する。

この事件は、中核派などが沖縄返還協定調印に反対して都内の明治公園で開いた集会が暴徒化して、警備にあたる機動隊との衝突へと発展するなかで、集会に潜入していた赤軍派が鉄パイプ爆弾を投げつけたものだ。警察官の負傷は、腹部裂傷や大腸露出の重傷を含む三七人に及んだ。

これ以降、赤軍派だけでなく、他のセクトも交番や機動隊の襲撃に競って爆弾を使用するようになる。発端となったのは、「土田邸・日石・ピース缶爆弾事件」と呼ばれる一連の爆破事件である。

一連の事件のうち最初に起きたのは、時間をやや遡って六九年一〇月のことだ。新宿区若松町の警視庁第八・第九機動隊の庁舎に煙草のピースの缶を使った爆弾が投げ込まれた。この時は爆弾が不発だったが、一一月には永田町のアメリカ文化センターにピース缶爆弾を梱包した段ボールが配達され、センターの職員一人が負傷する。

さらに、七一年一〇月には、西新橋の日本石油本館の地下にあった郵便局で警察庁長官および新東京国際空港公団総裁宛の郵便物が爆発。郵便局員一人が、顔や腕に三週間のヤケドを負った。

そしてその二か月後、当時、警視庁警務部長だった土田《つちだ》國保《くにやす》氏の豊島区雑司《ぞうし》が谷《や》の自宅にお歳暮を装った小包が届く。これを土田氏の妻が受け取ったところ、小包が爆発。妻は即死、二階にいた土田氏の四男が重傷を負うという痛ましい事件が起きる。

事件当日に土田氏は記者会見を開き、こう犯人を非難した。

「治安維持の一旦を担う者として、かねてからこんなことがあるかもしれないと思っていた。私は犯人に言う。君等は卑怯だ。家内に何の罪もない」

会見で気丈に振る舞う土田氏に、警察や検察の関係者は涙したものだ。のちに土田氏は警視総監となる。

私が札幌地検刑事部から再び東京地検公安部へと復帰する異動があったのは、一連の爆破事件が起きた後の七三年三月のことだ。

札幌では冬季五輪の関連で独自の捜査をするなど、それなりの成果を上げたと思うが、当時の検事正と衝突するようなこともやった。ある国政選挙で当選した議員の選挙違反事件を摘発しようとしたところ、検事正から待ったをかけられたのだ。

「当選した議員の事件なんかやってどうするんだ！」

そう叱責されたが、全く納得がいかない。証拠が揃っているのなら、当選していようがいまいが、事件にすべきだ。憤慨した私は、上級庁にあたる札幌高検の刑事部長のところに話を持ち込んだ。

「うちの検事正が許可を出さないんです。こんなのおかしいですよ」

高検側はこれなら事件にできると、動いてくれた。高検の検事長から事件に着手するよう指示があったのだろう、検事正が決裁するという。だが、検事正のところから下りてきた書類を見て驚いた。決裁印が上下逆さまに押されているのだ。「俺は気に入らないんだ」という強烈な意思表示である。これには呆れてしまった。

上司に楯突くようなことをしていたにもかかわらず、検察内ではそれなりに評価されていたのだろうか。札幌地検の次席は私に「次の異動先として特捜部がいいか、それとも公安部がいいか」と希望を訊いてくれた。

今であれば、血気盛んな若手中堅の検事は「特捜部」と答えるのだろう。政界に切り込む派手な事件を担当することも多い。だが、私は迷うことなく「公安部」と答えた。それは、それまでに慣れた部だからということもあるが、社会秩序を破壊するような集団と対峙していきたいとの思いからだった。

そしてもうひとつ。特捜部には法務省勤務の長い、いわゆる赤レンガ組が多い。検察のエリートコースの人事パターンとして、法務省と特捜部を行き来しながらキャリア形成していくというものがある。現場での捜査を重視する私としては、「あいつら威張りくさりやがって」と、赤レンガ組への反感のようなものがあったのだ。

ともあれ、私は東京地検に戻るなり、続々と被疑者が逮捕された「土田邸・日石・ピース缶爆弾事件」の取り調べに投入された。

自白偏重

先に言っておくと、この一連の事件で、警視庁は、赤軍派との共闘を目的に爆弾の製造を始めた後に自らも爆弾闘争をするようになったとして一八人を逮捕した。しかし、起訴した全員が無罪になるという、検察にとっては悪夢のような事件となる。

なぜそのようなことになったのか。

逮捕された被疑者の中に日本石油本館での爆破事件で運搬役とされたNがいた。彼は事件当日、新宿中央公園で、別の運搬役とリレーする形で爆弾と共犯らを引き継ぎ、自分の車に乗せて、西新橋の日本石油本館前まで首都高速経由で運んだと供述した。

その供述を取った検事は、のちに公明党の代表になる神崎武法《かんざきたけのり》氏だ。じつに臨場感のある調書で、この事件でそんなものを取ってくることができたのは彼だけだった。私たちは上から「おまえら何やっているんだ」と、どやしつけられたものである。

確かに神崎君は公安部では被疑者を割るのが上手い「割り屋」という位置づけだった。この時はNとの間でどんなやりとりをして自白を引き出したのか、私は詳しくは知らない。ただ、裁判で明らかになったところでは、どうやら神崎君は別の被疑者に「Nはこう言っている」と持ちかけて誘導的な追及をして自白を引き出し、さらにそれをNにあてるということを繰り返していたそうである。裁判ではNが運搬に関与したとの自白は虚偽だとされ、「自白相互の伝播性が顕著に見受けられる」とまで指摘された。

捜査の途中でこの調書が出てきてからというもの、取り調べではこれに沿ったストーリーを組み立てるよう私たちも振り回されていった。だが、どうもおかしい。

主任検事だった親崎定雄《おやざきさだお》氏の了解をもらって、私が担当していた爆弾の製造役とみられていた女性被疑者に運搬役のNがいうところのストーリーについてぶつけたことがある。

「そうやって運んだんだろう」

そう持ちかけてみたが、彼女はきっぱりと「それは違います」と否定した。むしろ勝ち誇ったかのような態度だった。

「『それ』とは、どういうこと？　いったい何と違うの？」

すかさず私がそう尋ねると、彼女はハッとしたかのような顔をした。そこで間髪容れず突っ込めばよかったのだが、彼女の表情の変化を読み解きかねて、一瞬、私の間合いが遅れるうちに、彼女はガードを固めて心を閉ざしてしまった。機を逸したのである。

取り調べは検事と被疑者の真剣勝負だ。被疑者の心理への読みが十分でなかったと後々まで悔やまれる瞬間だった。

「そうは言っても、あなたは爆弾の製造をやったんだから、今回の事件に責任はあるでしょう」

そう粘ってみたが、もう後の祭りである。

それどころか、彼女は「検事はそんな考えで私を調べていたんですか」と毅然と返してきた。そのうち今度は私がぎょっとする側となった。

彼女は犯行こそ認めないものの、警視庁の尾行を巻くために大阪まで行き、環状線に乗ったと私に話したことがあった。それを聞いた私は大阪に行って彼女が説明した通りの時間で環状線に乗れるのかを確認してみた。

すると、ぴたりと言うとおりの時間で移動できる。公務員でもあった彼女が話すことの正確さに間違いはないと思っていただけに、Nのストーリーを明確に否定する様子に、これはマズいと思ったのである。

彼女の反応を親崎氏に伝えたが、「そうか、それはしょうがないな」という返事があっただけだった。

そもそも共犯の供述をぶつけて、「あいつはこう言っているが、おまえはどうなんだ」という取り調べの進め方は、決して良い手ではない。確かにそうやって自白を取るのは楽かもしれない。相手も「そこまで分かっているのなら、黙秘を続けても仕方がない」となりがちだからだ。でも、この時もそうであったように、そもそも最初の供述が作り話だった時には、取り返しのつかないことになる。

のちに運搬役のNには完全なるアリバイがあることが判明した。

本人が爆弾を運んだという日、府中の運転免許試験場で試験を受けていたのである。なぜ調書を取る際に、本人がいつ免許を取ったのかという基本的なことすら、十分に確認しなかったのか。

通常であれば滅多にないことなのだが、この事件の公判が始まった後に、主任検事の親崎氏にインタビューした記事が『週刊ポスト』七四年一一月一日号に掲載されている。インタビュアーは、ニュースキャスターから社会党の参議院議員になった秦豊《はたゆたか》氏だ。

このインタビューでNが運転したという点について裏づけ捜査をしなかったのかと問われて、親崎氏は「やっておりません」と認めている。さらにこんなやりとりが続く。

〈秦　それはつまり、本人あるいは関係者の供述以外になんらかの証拠があるということなんですか。

親崎　いや、検察側の認定の根拠となっているのは供述以外にないんですが、これは全体の供述から総合的に判断したうえで認定しているわけです〉

供述のみに頼っていることを認めてしまっているわけだが、そればかりか、こう開き直っている。

〈親崎　ある種の事件では物的な証拠なんかあるわけがないんですね。

秦　つまり、爆発してしまえば何も残らないから、ということですか。

親崎　爆発物がかりにありましても、指紋がなければ犯人を特定することはできません。あとは目撃者ですけれども、目撃者が顔を覚えてないということになれば、事件の性質としては供述以外にないわけです〉

「自白は証拠の王」などというが、自白偏重の捜査がこうした事態を招くのである。公判中にNの供述が虚偽であるとされたことで、先にも述べたように、逮捕・起訴した一八人全員が無罪という屈辱を味わうことになる。公安部にとって手痛い教訓となった。

そしてなにより、妻を失った土田氏の無念を晴らして差し上げることもできなかったということになる。


気をつけなくてはならないのは、自白偏重の捜査以外に、もうひとつある。それは見込みに基づいた捜査である。余談となるが、この点についても触れておきたい。

第一章で触れた九四年六月の松本サリン事件では、長野県松本市内の住宅街でサリンが撒かれ七人が死亡し、数百名が負傷した。今でこそ私たちはこの事件がオウム真理教による犯行だと知っている。

教団のターゲットだったのは、長野地裁松本支部の裁判官官舎だったが、周辺に住む全く無関係の人たちが巻き添えにされた。当時はサリンについての知識など一般はおろか、警察にもない。何らかの有毒なガスが発生したと思われていた。

当初、長野県警が犯人だと疑ったのは、事件の第一通報者だった近くに住む会社員の河《こう》野義行《のよしゆき》氏だ。河野氏は自宅に多くの薬品を所有しており、樹木の枯れ方や被害者の広がりなどから、有毒なガスの発生源は河野氏宅の庭の池周辺である可能性が高いとみられていた。

県警は被疑者不詳の殺人容疑で河野氏の自宅の家宅捜索を行ない、入院していた河野氏が退院するなり二日間にわたって事情聴取している。マスコミ報道は過熱。河野氏が農薬の調合中に過って有毒ガスを発生させたとの報道まで飛び出した。

そんな最中のことである。長野地検の久保裕《くぼひろし》検事正が私に電話をしてきた。久保氏は私の後任の検事正だった。

「県警の捜査一課長が河野さんを検挙したいと言ってきている。検挙すれば、絶対に自白を取るというのですが、どう思いますか」

捜査一課長といえば、どの都道府県警においても現場で十分に経験を積んだベテランの警察官が務めるものである。ただ、私が検事正だった時期に彼が選挙違反を手がけたことがあったが、功名心が強い割に経験が必ずしも十分でなく、危ないと感じたことがある。

そうしたことを伝えると、

「やはりそう思いますか。わかりました」

久保検事正も私の考えに同意見のようだった。結局、長野地検は検挙にゴーサインを出すことはなかった。

すると、松本でのサリン事件の翌月に山梨県上九一色村にあった教団施設で異臭騒ぎが起きる。山梨県警が周辺を調べたところ、不自然に草木が枯れて変色している場所があることを発見して土壌を採取。警察庁の科警研で鑑定した結果、一一月にサリンの残留物である有機リン系化合物が検出された。

そして、翌年三月、地下鉄サリン事件が発生。上九一色村の教団施設が強制捜索され、サリン製造の実態が解明されていく。

長野県警の見込みは完全なる誤りだったことが明らかとなった。あの時に誤認逮捕をしていれば、県警は取り返しのつかない痛手を負ったことだろう。

地下鉄サリン事件の発生から三か月後に国家公安委員長だった野中広務氏が河野さんに会って、「一人の人間として政治家として、あなたの苦しみが分かる。心からおわび申し上げます」と頭を下げた。予断を持つことなく、証拠の積み重ねによって捜査を進めることが大切であるとの教訓を、この事件は改めて教えてくれたと言えよう。

〝狼〟の犯行声明

七四年八月三〇日午後〇時四五分、昼休みの会社員でにぎわう丸の内仲通りに面した三菱重工業の本社ビルが、轟音《ごうおん》とともに爆破された。

一階玄関そばのフラワーポット脇に仕掛けられた時限爆弾が爆発。この衝撃で一階部分が破壊され、玄関ロビーは大破、建物内にいた社員が殺傷された。三菱重工ビルの窓は九階まで全て割れ、道を隔てて反対側にある三菱電機ビルばかりか、丸ビルなど周囲のビルの窓ガラスまで割れ、通りに降り注いだガラスの破片によって多くの通行人が巻き込まれた。

爆破された三菱重工ビル

現場には私も駆けつけた。

三菱重工ビルが面した丸の内仲通りは、爆発した場所から数百メートルも離れた晴海通りとの交差点のあたりから無数のガラス片で足の踏み場もない。周辺のビルの窓ガラスが片っ端から割れて落下したためで、爆風の凄まじさを物語る。爆弾が置かれていた場所は、漏斗《ろうと》状に窪み爆発の痕ができていた。

この事件の死者は八人、怪我を負ったのは三七六人に上り、戦後最悪の爆弾テロ事件となった。

事件から三週間が経った九月二三日、犯行グループが犯行声明を出す。

〈三菱爆破＝ダイヤモンド作戦を決行したのは、東アジア反日武装戦線〝狼〟である。三菱は、旧植民地主義時代から現在に至るまで、一貫して日帝中枢として機能し、商売の仮面の陰で死肉をくらう日帝の大黒柱である〉

三菱重工をはじめとする三菱系の企業は、日本の植民地主義の象徴であると指弾し、こう警告した。

〈海外での活動を全て停止せよ。海外資産を整理し、『発展途上国』に於ける資産は全て放棄せよ。この警告に従うことが、これ以上に戦死者を増やさぬ唯一の途である〉

犯人たちが名乗った東アジア反日武装戦線について、警察、検察ともに把握していない団体であった。既存の過激派のセクトとつながりがあるのかどうか、それすらも見当がつかない。

一時は、中東のレバノンを根拠地に活発な活動を繰り広げていた日本赤軍の犯行による可能性も疑われたが、自己顕示欲の強い彼らのことである。それならそう名乗るはずである。警視庁は丸の内署に特別捜査本部を設置して、公安部と刑事部双方から警察官を投入して捜査を開始した。

その後も一〇月一四日には、東アジア反日武装戦線のうち「大地の牙」を名乗るグルプにより三井物産の本社屋、一一月二五日には再び「狼」により帝人中央研究所、そして一二月一〇日には「大地の牙」により大成建設本社ビルが爆破された。クリスマスを前にした一二月二三日には、新たに東アジア反日武装戦線の「さそり」を名乗るグループによって、鹿島建設が江東区に持つ資材置き場が爆破された。さらに年が明けて七五年にも、四件の爆破事件が起きるが、いずれも東アジア反日武装戦線が犯行声明を出している。

当初は糸口が見つからず攻めあぐねていた警視庁だが、七四年三月に地下出版されていた爆弾の製造法やゲリラ戦などの教本『腹腹時計《はらはらどけい》』が、「東アジア反日武装戦線〝狼〟情報部情宣局」の名前で発行され、使用されているタイプライターの活字や主張の内容も、連続企業爆破事件に対して出された犯行声明と同じであることを割り出した。

教本『腹腹時計』は、彼らの主張を掲げた冒頭の章、武装闘争に向けた心得を説いた章、そして爆弾の材料の入手方法や製造方法のマニュアルにあたる章、そして爆弾を仕掛けるにあたって注意すべきことをまとめた章からなる。

爆弾の製造方法では、図解入りで雷管や時限装置などを作る手順を詳細に説明している。さらに、爆弾を仕掛けるにあたっては、

〈火薬および爆弾は、できるだけ使用直前に作り、長期保存はしないこと〉

〈(時限装置の)時計は爆弾に近接密着させておかないと、まるまる証拠を残すことになる〉

〈不発の場合、分解して指紋検出される場合があるので、あらゆる材料に指紋を残してはならない〉

などの注意書きが細かくされている。

興味深いのは、武装闘争に向けた心得の部分である。例えば、

〈居住地、職場とも共通なことは、極端な秘密主義、閉鎖主義に陥らぬことと、左翼的な粋がりは一切捨て去る、ということである。長髪で、ヒゲをたくわえ、米軍放出の戦闘服などを着た「武闘派」がいるが、それは偽物であり、危険極まりない男であると判断すべきである〉

〈生活時間を、表面上市民社会の次元内に復すること。(特に、時間の転倒には気を付けなくてはならない。)〉

〈マスコミ・トップ屋との関係は、一切合財止めるべきである。マスコミは商品として売り出さんがために、闘いの本質を歪曲し、隠蔽し、自らの論理で粉飾して流通機構にのせる〉

教本はこんな調子で微に入り細にわたり、警戒を怠らぬよう説いている。喫茶店を使用

するにあたっては特定の店ばかり使わず、自宅で爆弾を製造する場合は、深夜まで近所に物音が聞こえるような作業はしないとする。さらに酒はご法度だという。

〈ゲリラ兵士は酒を飲まぬ。酒は平常心を失わせ、羽目をはずし、油断を生じ易くする。これは、ゲリラ兵士にとって最大の敵である。特に、何人か集っての酒盛りは厳禁である〉

警察庁は七一年の日石・土田邸事件を受けて、過激派の見破り方を示したチラシを作成して全国で配布。過激派イコールうす汚れた学生風、あるいは人目を避ける長髪の男とのイメージを国民に広めていたが、この教本はいわばその裏をかくよう指示していたことになる。三菱重工ビル爆破事件など人通りが多い場所での犯行にもかかわらず、目撃者が出てこないのはそのためかと思われた。

そして留意すべきは、教本に掲げられた彼らの主張の内容である。過去の日本の帝国主義に基づいた植民地支配を激しく攻撃し、戦後も日本の帝国主義は新たな形をまとい続いているとする。例えば、こうだ。

〈日帝は、36年間に及ぶ朝鮮の侵略、植民地支配を始めとして、台湾、中国大陸、東南アジア等も侵略、支配し、「国内」植民地として、アイヌ・モシリ、沖縄を同化、吸収してきた。われわれはその日本帝国主義者の子孫であり、敗戦後開始された日帝の新植民地主義侵略、支配を、許容、黙認し、旧日本帝国主義者の官僚群、資本家共を再び生き返らせた帝国主義本国人である。これは厳然たる事実であり、すべての問題はこの確認より始めなくてはならない〉

「東アジア反日武装戦線」を名乗るのは、こうした歴史認識に基づき、日本が植民地とした東アジアやアイヌ、沖縄の人民と戦うためであるとして、こう宣言する。

〈われわれは、アイヌ人民、沖縄人民、朝鮮人民、台湾人民の反日帝闘争に呼応し、彼らの闘いと合流するべく、反日帝の武装闘争を執ように闘う〝狼〟である〉

その主張からは、アイヌ民族などへのシンパシーや当時、新左翼の一部セクトの間で注目されていた「窮民革命論」に影響を受けていることが明らかだった。

窮民革命論とは、従来のマルクス主義で革命の主体たり得るのは労働者階級とされてきたことへの疑問から生まれてきた考え方である。高度経済成長によって一般の労働者は豊かな生活を享受しつつある中で、もはや革命への意欲を失っており、労働者に代わる革命の主体となり得るのは、アイヌ民族や在日韓国・朝鮮人、沖縄人、日雇い労働者、被差別部落民などの「窮民」であるとしたところに特徴がある。

この窮民革命論を唱えたのが、樺太《からふと》出身でアイヌ民族による革命などを訴えていた左翼思想家の太田《おおた》竜《りゅう》氏だった。太田氏による事件への関与も疑われたが、それは違うことが判明。それでも太田氏の人脈の中に犯行グループがいるとの見立てで警視庁が捜査を進めたことで、徐々にグループの構成が絞り込まれていった。

アジトの徹底監視や秘匿尾行から芋づる式にメンバーらが割り出されていく。彼らは『腹腹時計』の心得通りに会社勤めのサラリーマンとして規則正しい生活を送り、なかには爆弾の製造役だった佐々木規夫氏のように、近隣に物音を不審に思われないよう、創価学会に偽装入信して朝晩にお題目を大音量で流すことまでやっていた。

最後の決め手となったのは、佐々木氏が一般ゴミとして家から出したゴミ袋の中から、金属類の切り屑やリード線など爆弾の材料の一部が出てきたことである。まさに公安的捜査が結実した結果と言える。

服毒自殺

三菱重工ビルの爆破事件から九か月後の七五年五月、警視庁はメンバーら七人を一斉検挙した。そのうち「大地の牙」のリーダーである斎藤和《さいとうのどか》氏は、逮捕直後に青酸カリを飲んで服毒自殺してしまう。

この一斉検挙にあたっては、産経新聞が事前に情報をキャッチし、当日の朝刊一面に

「爆破犯、数人に逮捕状」との特大の見出しでスクープを打ったことは、よく知られている。しかしこれは検挙前に犯人らが一斉に逃亡する事態を招きかねない。産経新聞は土田警視総監にかけ合い、捜査妨害にならないように掲載は最終版に限定し、犯人らの自宅周辺のエリアでは配達を遅らせるということまでして記事にした。

総監公舎に仁義を切りにきた産経新聞の警視庁キャップを、土田総監は顔を真っ赤にして止めようとしたが、それが無理だとわかると、「記者冥利に尽きますな」とだけ言ったという。翌朝の逮捕は犯人たちが新聞を目にする前にすべて行なわれたという。今のようなインターネットで記事を読む時代なら、こんなことはあり得ない。

この一斉検挙にあたって警視庁がメンバーとして把握しておらず、逃げおおせたのが、藤沢市内の路上で倒れていた桐島聡、そしてもう一人が宇賀神寿一《うがじんひさいち》である。二人とも「さそり」のメンバーだった。逮捕された被疑者の中に二人の自宅の鍵を所有していた者がいたことから、その存在が浮上する。桐島は四九年にわたって逃亡を続けるが、宇賀神は指名手配から七年後に板橋区内で逮捕された。

この一斉検挙があった日、私は米国中西部のデトロイトにいた。

それまでの激務に対する慰労という性格もあったのだろう。欧米で一か月間、裁判制度などについて研修するよう命ぜられ、旅行中だったのだ。すでにイギリスやドイツ、スペインなど欧州での日程を済ませ、デトロイトでは六七年七月に起きた大規模な暴動事件について現地の捜査当局から捜査手法について聞き取りをする予定だった。

日本での集団犯罪の事件処理の参考にならないかと思い、デトロイトを訪れたわけだが、行ってみると、警察官たちが賃上げを求めてストライキをやっている。日本では警察官にスト権なんて認められていないが、おかげで十分に話を聞くこともできなかった。

ただ、この時に驚いたのは、米国では犯罪履歴などをコンピューター上でデータベース化していたことだ。犯罪者の名前を打ち込むと、犯罪歴などの情報がすべていっぺんに出てくる。日本ではまだこのようなシステムは導入されていなかった。私の視察の様子は地元の新聞に取材され、デトロイト警察のデータベースに日本の検事が驚いたなどと記事にされたものだ。

米国のテレビのニュースで「東アジア反日武装戦線」のメンバーの一斉検挙を知り、釘付けになった。警視庁の捜査がそこまで積み上がっているとは思ってもいなかった。

もちろん、公安部内でも親崎定雄副部長は警視庁公安一課の小黒隆嗣《おぐろたかし》課長と連絡を取りあっていたから、承知をしていただろう。そして辰巳信夫公安部長にも当然、報告が上がっていたはずだ。だが、他の部員には知らされていなかった。それだけ保秘が徹底されていたということである。

私は滞在先のホテルから辰巳部長に電話した。人手が足りないだろうから日程を切り上げて早々に帰国する必要があると考えたからだ。

「いや、その必要はない。その代わり日程をこなして帰ってきたら、すぐに取り調べチームに入ってもらう」

そう辰巳部長に宣言された。

その言葉通り、ワシントンなどでの日程を済ませて羽田空港に帰り着くと、そのまま迎えの車に乗って東京地検に直行させられた。自宅に立ち寄ることすらできずにチームに合流した。

この事件には公安部だけでなく、特捜部や各地の地検から当時の検察でエース級とされる検事が投入されていた。「狼」の大道寺将司《だいどうじまさし》の取り調べには、のちに福岡高検検事長や証券取引等監視委員会の委員長を務める高橋武生《たかはしたけお》氏、「さそり」の黒川芳正《くろかわよしまさ》には、東京高検検事長などを歴任する松浦恂《まつうらまこと》氏と錚々《そうそう》たる面々である。

私はといえば、総括班の班長だ。のちに検事総長となる松尾邦弘君と組むことになった。総括班は被疑者の取り調べには直接当たらない。先に述べた日石本館の爆破事件で、特定の被疑者の自白に偏り過ぎた結果、被疑者一八人全員が無罪となったことを教訓に、捜査の全体像を俯瞰《ふかん》しつつ被疑者らの自白と物証との間に整合性があるか検証するよう求められた。

天皇暗殺計画

東アジア反日武装戦線は、「狼」と「大地の牙」、そして「さそり」の三つのグループが緩くつながった組織である。「狼」のリーダーである大道寺将司やその妻のあや子は釧路、「大地の牙」のリーダーの斎藤和は室蘭、そして佐々木規夫は小樽と、北海道出身の活動家が多い。

大道寺の実家は釧路でもアイヌ民族が暮らす春採《はるとり》地区に近く、中学時代にアイヌの生徒が同じ学校にいた。高校卒業後の浪人生時代に暮らした大阪では、日本最大の日雇い労働者の街である釜ヶ崎《かまがさき》で働いたり、猪飼野《いかいの》の朝鮮人部落に通ったりしたことがあり、太田竜の窮民革命論に影響を受けたのは、そうした経験からだろう。

過去の日本による植民地支配を非難する考え方に理解できないわけではない。だからと言って、海外進出する日本企業を現代におけるアジア侵略に加担するものと位置づけて爆弾テロのターゲットにすることには、論理の飛躍がある。

取り調べでは、大道寺将司や佐々木規夫ら被疑者はいずれもわりと素直に供述したように思う。公安部長だった辰巳氏も『公安部三十年史』でこう述懐している。

〈被疑者らの取調は、組織結成の経緯、人脈の解明をはじめとして行為の分担など所要事項に及んだが、旬日にしてほぼ全員の自供を得ることができた。この種の事件にあっては刮目すべきことで、取調の進展に伴い、一部の者に一時期若干の中断変遷はあったものの、自白は関連事件全般にわたり、かつ、極めて詳細の交を深めて行った。

被疑者らには極悪の驕りがあった。日本犯罪史上、類をみない最凶悪の犯行を甚大な被害をかえりみることなく累行したこと、しかも独特の信条に基づく声明を公表して敢行したことなど、驕慢《きょうまん》の限りを尽くしていた。取調検事は、この点を突きつつ、満腔の気迫をもって圧倒して、全員から全面自供を獲得したのであった〉

服毒自殺した斎藤の内縁の妻だった浴田由紀子《えきだゆきこ》も、警察や検察に恨み骨髄だったはずだが、取り調べをした村田恒《むらたひとし》検事の軽妙洒脱で魅力的な人柄に取り込まれたのか、詳しく供述している。

そうやって集まってくる被疑者らの供述と物証を突き合わせていくうちに、私は不自然なことに気づいた。彼らの供述では、八月三〇日の三菱重工ビルの爆破事件で使用した爆弾を製造したのは、八月下旬とされているが、果たして本当なのだろうか。そう疑問を覚えたのだ。

一見、それらの供述と犯行の決行日に矛盾はないように思う。爆弾の完成後、数日で使用したというのは頷ける話だ。

だが、不自然だと感じたのは、大道寺あや子が暗号を使ってつけていた帳簿を、私と松尾君で解読する作業を進めていたからである。そこには除草剤クサトールをはじめ爆弾の材料をいつ購入したのかが、事細かに記録されていた。

それによると、八月上旬には爆弾の材料がすべて揃っていたことが判る。なぜ爆弾の材料が揃っているのに製造まで不自然に時間が空いているのか。テロ計画の露見を防ぐためにも、材料が揃ったのなら直ちに爆弾を製造して犯行に移るのが常道のはずだ。

警視庁に保管されていた証拠品を確認しに行くと、真っ黒に塗った縄はしごや数百メートルはあろうかというやたらと長い電線、それから自動車用の平型燃料タンクまである。

「こんなものいったい何に使うつもりだったのだろうか」

そう思って、

「何か変だよね」「そうですね。確かに」

そんなやりとりを松尾君とした。どうももやもやしたものを感じ、取り調べ班に爆弾の製造日の供述は「不自然だ」と伝えた。

そうした最中のことだ。大道寺あや子の担当検事だった水流《つる》正彦《まさひこ》氏が「本当の爆弾製造日は八月上旬です」とするあや子の供述調書を取ってきたのである。

そんな調書を取ってしまうと、他のメンバーの供述と辻褄が合わなくなる。

「そんな供述があるのなら、どうして調書にする前に総括班に連絡を寄越さないんだ。総括班のことをなんだと思っている！」

私は頭にきて、思わず水流氏をぶん殴ってしまった。

「親崎副部長に聞いてくださいよ。副部長の了解のもとにやったことなんですから！」

そう訴える水流氏を残して親崎副部長のところに説明を求めに飛び込んだ。

「いや、緒方、あれはいいんだ」

怒りが収まらない私に副部長は諭すように話す。その時に副部長から明かされたのが、「レインボー作戦」の存在だった。彼らは昭和天皇の暗殺を図っていたのだ。天皇のお召し列車を爆破するための作戦をレインボー作戦と呼称していた。

大道寺らは昭和天皇こそアジアでの侵略戦争を指導した最高責任者であると位置づけ、静養先の那須御用邸から八月一五日に日本武道館で開かれる全国戦没者追悼式に出席するため東京に戻るお召し列車ごと爆破しようと計画した。

場所は埼玉県と東京都の県境の荒川鉄橋だ。八月上旬に爆弾が製造されていたのもそれに間に合わせるためだった。警視庁で保管されていた証拠品のうち、縄はしごは河川敷から線路までよじ登るためのもの、長い電線は有線で起爆するためのもの、自動車用燃料タンクは平型で線路に目立たぬよう敷設するために用意したものだった。

大道寺はお召し列車が鉄橋を通過する時刻を調べるために国会図書館に行き、過去の新聞記事から毎年八月一四日の午前に昭和天皇が東京に戻っていることを突き止める。さらに、時刻表などを検討して、お召し列車が荒川鉄橋を通過する時刻を午前一〇時五八分から一一時二分の間と割り出し、それを持ち歩いていたノートにメモした。

列車が通過する前日の八月一三日深夜、彼らは爆弾を仕掛けに荒川に向かう。しかし、現場には三、四人の男たちがうろうろしていた。この場所は夜になると痴漢が多いところだそうだ。しかし、公安関係者ではないかと疑った彼らは、爆弾の設置を諦め、作戦を断念する。

一斉検挙の後、クサトールの調達役であった宮城県の姉妹のうち姉が列車から飛び降りて死亡している。レインボー作戦も含めた彼らの計画の全貌が発覚するのを恐れてのことだったのではないかと思う。

「天皇暗殺」はいかに過激派といえども、どのセクトも試みなかったことである。男たちが河川敷にうろうろしていたから断念したというが、やはりいざとなると怖気づいたのではないだろうか。

レインボー作戦のことは、どうやら警視庁が先に把握していたようだ。大道寺将司がつけていたメモの内容から作戦の存在に気づき、警視庁の小黒公安一課長から地検公安部の親崎副部長へのルートで伝えられ、水流君による調書へと至ったものと思われる。

ただ、このことは警視庁と地検公安部のごく一部だけの徹底秘匿とされた。翌年の九月から一〇月にかけて予定されていた天皇の初訪米に向けて過激派を刺激したくないとの警視庁の意向があったからだ。


ところが、これを朝日新聞に察知されてしまう。

九月二〇日付の朝刊一面に「天皇特別列車爆破も図る」との大見出しですっぱ抜かれた。荒川鉄橋をねらって爆弾を仕掛けたものの不発に終わったとするなど、記事の一部には誤りもあるが、その爆弾を三菱重工爆破に使ったとしているなど概ね正確だった。

しかも、ご丁寧にも〈この特別列車爆破未遂事件については〝狼〟グループのリーダーの大道寺将司（二七）らが逮捕後しばらくして自供したが、捜査当局は、事態の重大さからこれまで極秘にしていた〉とまで書かれていた。

これに激怒したのが、当時の東京地検の伊藤栄樹《いとうしげき》次席検事である。

「どうして黙っていたんだ！　君たちはいったいどういうつもりだ！」

そう大変なお叱りを受けたことを憶えている。伊藤次席はのちに検事総長になり、「巨悪を眠らせるな、被害者と共に泣け、国民に嘘をつくな」の名言で知られる人物だ。公安部の一部だけで情報を押さえ込み、検察上層部に報告しなかったのだから、当然の反応である。私たちはただただ、伊藤次席の怒りを受け止めるしかなかった。

公安部長だった辰巳氏は、前出の『公安部三十年史』でこう振り返っている。

〈文字どおり極めて特異重大な事件であったから、部内外とも極度に隠密極秘裡に進めなければならず、それが後ほど上級庁とのきしみを生み、上長の御配慮を煩わすことともなったが、これまたやむを得ないことであった〉

東京地検だけでなく、東京高検や最高検からも何らかのお叱りがあったことが窺える。

ただ、この作戦の存在が早くから表面化していれば、捜査に混乱をきたしかねなかった。まずは八人もの犠牲者を出した三菱重工ビル爆破事件に集中し、最優先で処理すべきであるとの部長や副部長の考えはやむを得ないものだったと考える。

その伊藤次席の著書『秋霜烈日　検事総長の回想』を読むと、どうやらご本人も薄々勘づいていたようだ。

〈連続企業爆破事件の公判は、（昭和）五十年十月三十日から始まったが、それに先立ち、大道寺らが弁護人を介し、検察、警察は、さきに〝重大事件〟について取り調べておきながら、もみ消そうとしている旨、東京拘置所内の仲間に対してアピールを行なっているとの情報を得た。

地検公安部の部長、副部長にどういうことか尋ねてみるが、知らないという。しかし、三菱重工ビル爆破事件起訴当時の私のメモをよく見てみると、同所で使用した爆弾の製造から使用までの間に少し時間のズレがある。どこかへ爆弾を預けるかどうかしてないと、時間が余ってしまう。何か裏があるぞという思いがわいてきた。何か事情があって、公安部が私や検事正に隠していることがあるようだ〉

ともあれ、荒川鉄橋の事件については検事認知事件として、大道寺夫妻ら三人を殺人予備罪と爆発物取締罰則違反の容疑で再逮捕し、私が現場検証を行なうことになった。

縄はしごが実際に線路の下まで届くのか、電線を数百メートルも伸ばして爆破させる仕掛けができるのか。鉄橋の下でそんな検証していると、上を通過する電車からパアーッと小便をかけられ、背広を一着、ダメにしてしまった。当時の電車のトイレは、そのまま線路に垂れ流しだったのだ。

荒川鉄橋の爆破を断念して意気消沈していた大道寺らを、再びテロ活動へと駆り立てたのは、日本での全国戦没者追悼式と同じ八月一五日に韓国のソウルで開かれた、日本の植民地支配からの解放を祝う光複節の記念式典での朴正熙《パクチョンヒ》大統領暗殺未遂事件だった。

軍人出身の大統領は咄嗟に身をかわして無事だったが、流れ弾に当たった大統領夫人が死亡した。犯人は大阪の在日韓国人だった文世光《ムンセグァン》である。大阪市内の交番から盗んだ拳銃を韓国に持ち込み、日本人商社マンのふりをして会場に入り込んでいたのである。

大道寺は浪人生時代に大阪で猪飼野の朝鮮人部落に通っていたと先に述べた。朝鮮半島をめぐる情勢にも関心が強く、ソウルでの事件に「後れをとった」と焦燥感に駆られたという。

急ぎ行動を取る必要を感じ、レインボー作戦のために製造していた爆弾を転用して、三菱重工ビルをねらうことにした。あれだけの規模の爆破となったのは、鉄橋を吹き飛ばすために製造した大型の爆弾だったからである。

逮捕された犯行メンバーのうち、「狼」の佐々木規夫は、七五年八月に日本赤軍が起こしたクアラルンプール事件により超法規的措置で釈放、そして大道寺あや子と浴田由紀子も七七年九月から一〇月にかけてのダッカ事件により同じく釈放されてしまう。三人はいずれも日本赤軍へと合流した。

そのうち浴田は九五年三月、ペルーから日系ペルー人に偽装してルーマニアに入国したところで身柄を拘束される。日本に移送され、二〇一七年まで服役した。

大道寺将司は死刑判決確定後収監中に病死、佐々木規夫と大道寺あや子は公判中釈放され、今も逃走を続けたままである。

第六章　公安調査庁

公安調査庁は、暴力主義的破壊活動を行なう団体に対する規制のために定められた破壊活動防止法の施行にあわせて一九五二年に発足した。

対象団体を調査し、必要に応じて団体規制請求に向けた手続きを行なうことが本来の業務だが、それだけにとどまらず、諸外国の情報機関とも連携して情報収集や分析を行なっている。とりわけ優れた能力を持つのは、「ヒューミント」と呼ばれる人を介しての情報収集だ。その活動の一部を明らかにしたい。

堕落

一九八四年のことだった。東京高検の検事として公判を担当していた私は、法務省の伊藤栄樹事務次官に呼び出された。連続企業爆破事件の捜査で、お召し列車爆破計画を伏せておいたことからこっぴどく雷を落とされた上司である。

厳しくはあったが、大らかで温かみもある人でもあった。私はずいぶんと可愛がってもらったように思う。

「緒方君、人事の話になるのだが、公安調査庁に第二部長として行ってくれないか」

そう言われて咄嗟に感じたのは、これでは検事としてなにやら「堕落」するのではないかということだった。私はずっと捜査現場に復帰したいと希望していたのに、それが叶わないとは……。

連続企業爆破事件をはじめ数多くの事件に忙殺された二度目の東京地検公安部での勤務を七六年三月に終えると、私は法務総合研究所の教官となった。全国の若手検事が研修を受けるにあたり教師役となるポストだ。さらにその後一年間、東京地検に配属するも、自宅に籠もって凶器準備集合罪についての研究書の執筆に専念することもあった。

若い検事との交流は新たな発見もあって、もちろん有意義だったが、やはり現場で事件捜査にあたっているほうが性に合う。いずれは公安部の副部長や地方の検察庁の次席など、現場で捜査を直接、指揮する立場になってみたいとの思いを強く持っていた。

しかし、八〇年三月の異動で就いたのは、法務省本省の営繕課長だった。

法務省は事務次官や刑事局長などの要職を検察官が務める特異な省庁である。その法務省で課長に就くということは、検察官としての出世コースに乗ったという位置づけになる。

私の希望と違うとはいえ、営繕課長の仕事はなかなかやり甲斐があった。営繕課は全国にある法務省関連の施設の管理や新築、修繕を一手に扱う。全国の検察庁の庁舎だけでなく、拘置所や刑務所、法務局など法務省が管理する施設は全国に数多くあり、設計を担当する技官らと議論しながら計画を煮詰めていく作業は面白く、やり甲斐があった。

法務省の大臣官房には、当時、営繕課の他に秘書課、人事課、会計課があったが、営繕課長は会計課長に匹敵するほど大きな金額を決裁していた。毎年、予算要求のシーズンになると、泊まり込みでの折衝となる。課長席の大きな机の上に布団を敷いて寝泊まりしていた。

大蔵省の主計局と予算を増やせ、増やさないと綱引きをしていると、そのうち大蔵省の担当者がこんなことを言い出した。

「緒方さん、そんなに刑務所が受刑者でいっぱいだというのなら、刑期が残り三分の一くらいになったところで、どんどん出所させればいいじゃないですか」

これには聞き捨てならないと反論した。

「そんなことをすれば、狼や虎を野に放つようなものじゃないですか。法務省としてはそんなこと認められませんよ」

「確かに再犯の恐れがあるかもしれませんが、それならまた捕まえればいいじゃないですか」

大蔵省の担当者の言い分には呆れてものも言えない。犯人逮捕のために警察がどれだけの労力をかけているか熟知しているだけに、大変な憤りを覚えたものだ。

霞が関の役人ともなれば、政治家が持ち込んでくるさまざまな案件に振り回されるという印象があるだろう。さすがに検察官が幹部を務める法務省に言い寄ってくる政治家はそう多くはないが、営繕課は違った。施設の建設や修繕で特定の業者を使うようねじ込んでくるのだ。それも自民党だけでなく社会党の政治家までやってくる。これをどう上手くあしらうかも営繕課長として手腕が問われるところだ。

そうやって法務省の営繕課長を三年間勤め上げ、東京高検で公判を担当していたところに伊藤次官からあったのが、公安調査庁への出向の打診である。決して私の本意ではなく、ずいぶん落胆したと記憶している。

法務省や東京高検での〝お勤め〟を果たしたのだから、次こそは捜査現場に戻れると密かに期待していたのだ。

事件捜査ではなく、情報の収集や分析を行なう公安調査庁は、検察とは全く違う役所である。調査の対象である団体の内部や周辺に「協力者」と呼ばれるスパイを獲得し、重要な情報を提供するよう育成していく手法には違和感を覚えた。それに協力者を運用するために資金を使うことにもすっきりしないものを感じていた。

そうした意味で公安調査庁の部長となることが、先に述べたように、検事として「堕落」につながるのではないかと考えたのだ。

ただ、五二年の公安調査庁の発足には、初代長官の藤井五一郎《ふじいごいちろう》氏と親しかった私の父・緒方浩が深く関わったと聞かされていた。伊藤次官からも「君のお父さんが関わったところだ」と言われた。次官は「うってつけの人事だ」と思っていたのだろう。

それに私には共産主義に対する強い反発もあった。満州を体験した私にとって日本が負けた相手は米国ではない。ソ連である。日本共産党や新左翼の過激派を調査する公安調査庁に関心があったのも事実だ。

さらに正直に言えば、公安調査庁にそんなに長くいるわけでもないだろうとの思いもあった。二、三年いれば、再び検察組織に戻るだろう。そう考えていたのだが、この予想は後に完全なハズレとなってしまう。

ともあれ、目をかけてくれた次官の打診である。断ることもできずに八四年一一月、私は公安調査庁の調査第二部長として着任した。

人事慣例

ここで改めて公安調査庁という行政機関について説明することにしよう。

公安調査庁が発足したのは、五二年七月のことである。サンフランシスコ講和条約の発効に伴い、米軍の占領が終わった三か月後のことである。

当時、日本共産党は徳田球一ら、いわゆる所感派の指導のもと、武装闘争路線を採っていた。山村工作隊や中核自衛隊といった暴力組織が作られ、この年の五月には皇居前広場でのメーデー事件、六月には国鉄の操車場を襲撃した吹田事件などが、共産党や在日朝鮮人によって起こされたことは、第二章でも述べた。

こうした事態に対処するために、当時の吉田茂内閣が進めたのが破壊活動防止法（破防法）の施行と公安調査庁の発足である。

破防法の特徴は、暴力主義的破壊活動を行なう団体の活動を制限することができることにある。暴力主義的破壊活動にあたるものとして、刑法の内乱罪や外患誘致罪などが規定され、これらの活動を行なう団体を調査する権限を公安調査庁に認め、公安調査庁長官は公安審査委員会に団体の解散を含む処分を請求することができるとした。

初代の公安調査庁長官には戦前戦中に裁判官を務め、戦後は弁護士として活躍した藤井五一郎氏が就任した。藤井氏は戦前の血盟団事件や帝人事件などの大型事件で裁判長を務め、温厚な人柄で知られた。

先に公安調査庁の発足には私の父が関わったと述べた。具体的にどう関わったのかは、記録が残っておらずよく分からないが、父は満州にいた時期に、参謀本部から得た資金で新京のダイヤ街に拠点を構え、満鉄や満州国政府のエキスパートを集めてソ連情報を集める機関を運営していたこともあるという。

そうした経験が習い性になっていたのだろうか。情報機関を設立するともなれば、黙っていられなかったようだ。藤井氏が初代長官となるにあたって、どうやら父が当時の法務総裁であった木村篤太郎《きむらとくたろう》氏とともに担ぎ出したらしい。

破防法には、「戦前の治安維持法の復活だ」などと社会党や共産党だけでなく、学界やマスコミからも激しい反対があった。そのため、初代長官に藤井氏のような裁判官出身で温厚な人物に白羽の矢を立てたのだろう。

公安調査庁の発足は、破防法の施行と同じ日である。

その歴史的経緯から、日本共産党や朝鮮総連に対する調査に力を入れてきた。調査対象とする団体は破防法に基づいて決められており、共産党や朝鮮総連の他は、左右両翼の過激派、そして九五年からはオウム真理教もそうである。

団体の調査を重ね、必要と判断すれば、団体の活動を規制する。それが公安調査庁の基本的な任務である。

解散処分を受けた団体は、集会やデモ、機関紙の発行、募金などあらゆる活動ができなくなる。強大な権限をもつだけに、破防法には第二条で「公共の安全の確保のために必要な最小限度においてのみ適用すべき」とあり、第三条で「思想、信教、集会、結社、表現及び学問の自由並びに勤労者の団結し、及び団体行動する権利その他日本国憲法の保障する国民の自由と権利を、不当に制限するようなことがあつてはならない」と、その濫用を禁じる条文が並ぶ。

オウム真理教に対して行なわれるまで、団体規制請求は一度も行なわれたことがなく、「抜かずの宝刀」などと揶揄されてきたと第一章で述べたが、これは破防法の第二条や第三条にある戒めを先輩たちが守ってきたからでもある。

また、公安調査庁は、発足にあわせてかつての特別高等警察や陸軍中野学校の卒業生も採用しているが、その前身は法務府（現在の法務省）の特別審査局である。

法務府特別審査局は、戦前戦中に軍部と結託した右翼勢力を炙《あぶ》り出すために、GHQが設置を後押しした組織であり、そうした経緯から公安調査庁は米国、とりわけCIA（中央情報局）とのつながりが深い。情報の交換など長く協力関係にある。

公安調査庁の調査部門には、調査第一部と調査第二部がある。

第一部が国内担当で、主に共産党および中核派や革マル派などの極左の過激派の動向を調査・分析する。第二部は外国担当で、朝鮮総連に加えて北朝鮮や中国などの旧共産主義諸国、そして海外のテロ組織などの動向を調査・分析する。極右についても第二部の担当とされていた。

法務省の外局に位置づけられており、トップの長官、ナンバー2の次長、そして三人の部長職のうち調査第一部長を除く総務部長と調査第二部長は検事が就くこととされていた。長官は初代の藤井五一郎氏が一〇年近く務めたのを例外に、通常は二、三年で交代する。第一部長は警察庁からの出向者の指定席である。なお、第二部長には、九〇年に朝鮮半島情勢のエキスパートであった菅沼光弘《すがぬまみつひろ》氏が、公安調査庁の生え抜きとして初めて就任してからは、生え抜き組と検事がたすき掛けで就く人事慣例になっている。

東京・霞が関の本庁に加えて、関東や近畿、中部など地方ごとに公安調査局、そして一四か所に公安調査事務所がある。

公安調査庁の定員は二四年四月時点で一七九九人。予算規模は一六〇億円前後で、諸外国の情報機関に比べると、かなり規模は小さい。CIAが二万人を超える職員を抱えるとされるのは別格としても、英国で国内の治安を担当するMI5と国外の情報工作を担当するMI6を合わせて七〇〇〇人を超えることを考えても、大きくない。

国内の他の情報機関と比べても、内閣情報調査室こそ職員が二〇〇人ほどしかいないが、警察の場合、警視庁は公安部だけで一一〇〇人ほどの職員がおり、所轄署の警備課に所属する警察官と合わせると、二〇〇〇人ほどに上るとされる。その他に、各道府県警の警備部に公安担当の警察官がおり、規模では警察の公安部門の規模には太刀打ちできない。

そうしたこともあって、公安調査庁について「最小にして最弱の情報機関」などと揶揄する人もいるようだが、そんなことはない。小さいことは認めるが、「最弱」などとレッテル貼りされる謂《いわ》れは決してない。

むしろ、着任してみて驚いた。私が担当することになった調査第二部は、旧共産主義諸国や海外のテロ組織などの動向を調査・分析すると述べたが、とりわけ北朝鮮と中国については、入手する情報の質といい、それを分析する能力といい、十分に海外の情報機関に伍していけるとわかったからである。

これが父がやりたかったことかと公安調査庁に入ってみて初めて実感した。古株の職員の中には、公安調査庁の発足後もよく顔を出していた私の父のことを憶えている人もいて、

「お父様にそっくりですね」

そんなことを言われつつ、私もにわか仕込みながら国際インテリジェンスの世界へと分け入っていった。

それまで私が捜査現場にいた頃に手がけた外事事件といえば、六八年に出入国管理令違

反で三一歳の韓国籍の男やその共犯を起訴したくらいだ。

彼は名古屋で屑鉄業の工員として働いていたところ、朝鮮総連愛知県本部の幹部らに説得され北朝鮮に密出国する約束をさせられてしまう。総連は北朝鮮で工作員としての教育を受けさせるつもりだったのだろう。

秋田県の男鹿《おが》半島に連れて行かれ、船で密出国する手筈《てはず》だったが、小石を叩いて合図してもなぜか迎えの船が現れない。諦めて東京に出たところで外国人登録証の不携帯で警視庁に逮捕されたという経緯である。

被疑者の供述によると、出迎えの船は男鹿半島の戸賀《とが》湾にある、地元で風引岩と呼ばれる岩近くに現れる手筈だったという。そこで私は事務官と二人で現地に向かい、供述どおりの地形なのか、実際に小石を叩いて音がどのくらい遠くまで聞こえるか、確認したものだ。

当時は北朝鮮の工作機関が日本海側の海岸にいくつもの上陸ポイントを設定して密出入国を繰り返していた時代である。日本人拉致事件もその延長にある。

ともあれ、主に新左翼の過激派が起こす公安事件の処理に追われてきた私にとって、膨大な量の外事情報を全国の調査官がかき集め、それを分析している役所があることに、新鮮な驚きを覚えながらその業務にのめり込んだものだ。

金正男の入国

外国の情報機関からの公安調査庁への評価も高い。

当然ながら情報交換などの協力を積極的に行なっている。「コリント（COLLINT Collective intelligence）」と呼ばれるものだが、情報交換によって手持ちの情報の確度をさらに高めることもできる。米国のＣＩＡや英国のＭＩ6、イスラエルのモサドなどは東京に駐在員を置いているので、頻繁にやり取りをしていた。

台湾の情報当局との関係も深く、若手職員を研修で受け入れていたほどだ。ドイツやフランス、オーストラリアなど西側各国の情報機関ともやりとりしていたが、インドの情報機関もなかなか質の高い情報を持っていた。

韓国の情報機関である国家安全企画部から出向していた駐日大使館幹部には新宿の韓国料理店でご馳走になったこともある。軍事境界線を挟んで直接対峙する韓国には北朝鮮についての圧倒的な情報の蓄積があるはずだが、それでも公安調査庁には一目置いていた。

二〇〇一年五月に北朝鮮の金正日《キムジョンイル》総書記の長男の金正男《キムジョンナム》氏ら四人が偽造した旅券で日本に入国しようとして、成田空港で拘束された事件はご記憶にあるだろうか。一行は強制退去処分を受けて三日後に北京行きの飛行機に乗せられた。
事件の経緯を検証した『毎日新聞』の記事によると、じつは入管当局は、金正男氏らを乗せたシンガポール発の日航機が成田に到着する前に入国の情報を公安調査庁から知らされていたという。では、その情報を公安調査庁はどうやって摑んだのか。
〈複数の関係者によると、金正男氏の入国情報は、外国の情報機関から事前に入っていた。英国のＭＩ６（情報局秘密情報部）、米国のＣＩＡ（中央情報局）、韓国のＮＩＳ（国家情報院）など、各国のさまざまな情報機関が北朝鮮要人に関する情報を収集している。今回、４人の身柄を入国直前に拘束した点について「外国の機関から要請があったのも一因」と指摘する関係者もいる〉（『毎日新聞』〇一年五月二四日付朝刊）
この事件は私が公安調査庁を離れた後のことであり、その経緯について報道されている以上のことは知らない。だが、公安調査庁と外国の情報機関の密接な関係はこの一件からも窺えるだろう。

公安調査庁の強みはヒューミント（HUMINT Human intelligence）にある。ヒューミントとは、人を媒介とした情報収集活動のことをいう。新聞や印刷物など公開情報をもとにしたオシント（OSINT Open source intelligence）、通信や電波などの傍受によるシギント

（SIGINT Signals intelligence）などと違って、一朝一夕にはその能力は育たない。

どこの団体とは言わないが、情報を取るために協力者を獲得するだけでなく、過激派のある団体に公安調査庁の職員を潜入させることまでやっていたが、これなど一年や二年で成果の出るようなものではない。バレてしまえば、リンチに遭うことは必至だ。その職員には公安調査庁に出勤するようなことはさせず、口座振り込みが行なわれるようになる前は、給料も特別な方法で渡していたという。

公安調査庁は発足以来、このヒューミントのノウハウについて蓄積を重ねてきた。とりわけ日本国内に数十万人いる在日韓国・朝鮮人を通じて北朝鮮の秘密のヴェールをこじ開ける分厚い情報を得てきた。

「焼肉一〇年、マッコリ二〇年」

現場の公安関係者の間でしばしば口にされる格言である。それだけ長い年月をかけなくては在日社会に食い込むことはできないという心構えを説いたものだ。

日本国内にいる在日韓国・朝鮮人の大半

成田空港で拘束され、強制送還される金正男氏

は、朝鮮半島でも慶尚道や済州島など南部の出身である。つまり現在の韓国に出身地があるということになる。

だが、五九年に始まり八四年まで続いた、いわゆる「帰国事業」によって九万三〇〇〇人もの人たちが北朝鮮へと渡った。

かの地で辛酸を嘗《な》めることになった彼らの境遇は、それだけで一冊の本になるほど過酷なものとなったが、この帰国事業の結果、在日韓国・朝鮮人の多くが北朝鮮へと渡った親族を持つようになる。

帰国事業が終わった後も、親族に会うために彼らは頻繁に北朝鮮を訪問した。そこから北朝鮮の生の情報が漏れ伝わってくる。

さらに、在日朝鮮人の中には、北朝鮮との貿易事業を営む者も少なくなかった。日本人には容易に参入できない分野だからだ。そうした日朝間の貿易に携わる商社も貴重な情報源だった。


よく誤解されるところなのだが、公安調査庁の職員は、警察や検察のような逮捕や家宅捜索を行なう司法警察権を持たない。破防法の施行と同時に発足するにあたって、権力の濫用を懸念する声に配慮したためと思われる。

ただ、そのような権限を持たないことが職員の調査能力を高めてきたとも言える。警察のように逮捕権を持ってしまうと、地道に人間関係を築いて情報を引き出す労苦を惜しむようになる恐れがある。まどろっこしいことをせずに、逮捕してしゃべらせてしまえとなるからだ。

米国のＣＩＡ、英国のＭＩ６、イスラエルのモサドなど一流の情報機関は、いずれも逮捕権を持たないと聞く。恐らく同じ考えからではないか。

もっとも、ヒューミントに強いといっても、人工衛星や偵察機を使っての情報収集・イミント（IMINT Imagery intelligence）では米国に全く太刀打ちできない。

日本も九八年から始まった北朝鮮によるミサイル発射実験を受けて情報収集衛星の打ち上げを進め、現在は内閣衛星情報センターが運用を行なっているが、私が公安調査庁に在職していた頃はそれすらなかった。米軍当局から衛星情報を提供してもらうばかりだった。だが、ヒューミントによる北朝鮮情報は諸外国の垂涎《すいぜん》の的で、各国の機関との情報交換でも最も喜ばれた。

これは私が調査第二部長だった時のことではなく、もっと後に長官となってからのことだが、九三年に北朝鮮に核開発疑惑が起こり、国際原子力機関（ＩＡＥＡ）による特別査察を受け入れるか否かをめぐって国際情勢が大いに緊迫したことがあった。この時に西側のある情報機関が公安調査庁に対して合同で調査を行なおうと持ちかけてきた。

日本政府にとって喉から手が出るほどほしい、逃亡中の日本赤軍メンバーの行方探しに協力すると申し出る一方で、この情報機関が持つ人工衛星による北朝鮮情報の裏ドリを我々に求めてきたのだ。

それほど公安調査庁のヒューミントが評価されていたということだが、わが方は下請け機関となるつもりはない。あまりに虫が良いこの申し出には「具体的事案にはその都度、協議を行ないたい」と回答するよう指示した。つまるところ、やんわりと婉曲に断りを入れたということである。

公安調査庁のヒューミントの能力を物語るエピソードとして、古株の職員から聞いた話がある。これは北朝鮮に関係することではなく、しかも私が公安調査庁に在職していた時期よりもずっと以前のことになるが、七五年六月に日本武道館で行なわれた佐藤栄作元首相の国民葬で、当時の三木武夫首相が右翼団体の大日本愛国党書記長の筆保泰禎《ふでやすひろよし》に殴打されるという事件があった。首相本人の希望でそばには警護要員がついていなかったために暴行を許したわけだが、これを機に要人警護は見直されることになった。

三木首相はモーニング姿で近寄ってきた筆保に二回も殴られ、メガネを吹っ飛ばしながら路上に倒れ込んだ。取り押さえてから判明したところでは、筆保が手にしていた奉書の中には刃渡り一三センチのナイフと「自殺勧告状」なるものが入っていた。

この時、公安調査庁は三木首相を襲う計画があると事前に摑んでいて、警察サイドに情報を伝えたと聞く。残念ながら、情報はうまく活かされず事件を未然に防ぐということにはつながらなかったが、すぐに犯人の特定に至ることはできた。

公安調査庁のヒューミントの能力の高さだけでなく、情報を有効に活用することの難しさを物語る話である。


当時のことを思い返すと、公安調査庁には優秀な専門家が綺羅星《きらぼし》のようにいた。

朝鮮半島情勢の専門家である菅沼光弘君は、退官してから盛んに言論活動を行なったこともあり、よく知られているだろう。韓国の情報当局に太いパイプを持ち、優れた分析能力の持ち主でもあった。

中国の専門家にも優れた人材がいた。公安調査庁の発足直後に練馬区内に設置された、国内外の通信傍受を専門に行なう「寺田技術研究所」という秘密組織がかつてあったが、そこの出身である松本文男《まつもとふみお》氏はじつに高い能力を持っていた。

英国の情報機関から彼に中国情勢についてレクチャーをしてほしいので、ロンドンまで来てほしいと名指しで依頼があったほどだ。現地では一週間も缶詰にされて徹底的に質問攻めにされたと後から聞いた。

じつは松本氏を名指ししてきたのは、英国だけではない。私が長官になると、中国の情報機関も彼を招いて情報交換をしたいと連絡してきた。さすがに到着するなり身柄を拘束するなんていうことはないだろうが、意図を掴みかねるところもあった。こちら側がどんな情報を持っているのか探りを入れようということだったのかもしれない。

無碍《むげ》に断ることもなかろうと、松本氏に加えて調査第二部長だった菅沼氏をつけて行かせることにした。

「もし、向こうから帰って来られなくなったら、俺が責任を取るよ」

そう言って送り出した。北京と上海で大歓迎してもらったと聞く。

中国やロシアの情報機関ともなれば、しのぎを削る競争相手のはずなのだが、じつはこうしたやりとりがある。そこが、情報機関の妙味とも言えよう。

松本氏は中国のラジオ、さらには新聞雑誌などオープンソースを駆使する、オシントに秀でていて、北京と地方政府の関係を熱心にウォッチしていた。

「中国の国内事情を知るには、地方の放送が非常に役に立ちますよ」

よく彼はそう話していた。

当時は江沢民《チャンツェーミン》の時代で、中央はその出身母体である上海閥が牛耳っていたが、どこの省や自治区が中央の指示をきちんと聞いているのか、あるいは反発しているのか、地方の放送や出版物を丹念に調べることで見えてくるという。

インテリジェンスの世界といえば、なにやらスパイ映画の世界のような、権謀術数を駆使して情報を得ているかのような印象があるかもしれないが、必要なものの八割は、そうしたオープンソースから得られるものである。むしろ大切なのは、それを分析する能力だということを、私は彼らの仕事から学ばされた。

そうした分析能力を高めるためにも、私は外務省にかけ合って、在外公館に公安調査庁の職員を派遣する枠を増やしてもらうようにした。その国に身を置き、ラジオや新聞を読み聞きすることで、身体で会得《えとく》するものがある。その数は徐々に増えていき、現在では一八の在外公館に公安調査庁の職員が派遣されている。

公安調査庁にとって微妙な問題を孕《はら》むのが、警察との関係である。警察の中でも特にインテリジェンスを担う警備公安部門は、公安調査庁と業務内容が重なる部分が少なくない。

調査対象者を一生懸命に追っていると、なにやら不審者が周辺にいつもいる。誰だろうと調べてみると、警察官だったなどという話は、よくあることだ。警察側から見ても同じことだろう。

そのため、公安調査庁と警察には互いにライバル意識のようなものがあり、時には活動を妨害することもある。

破防法の第二九条には、公安調査庁と警察は相互に情報や資料の交換をしなくてはならないと定め、さらに第三〇条には、「調査のため必要があるときは、司法警察員が暴力主義的破壊活動からなる罪に関して行なう押収、捜索及び検証に立ち会うことができる」とあるが、現実にはこのような便宜を警察が図ってくれることは考えにくい。

公安調査庁で共産党や極左過激派の調査を担当する調査第一部長は、警察庁からの出向者の指定席だとすでに述べた。そのためかつては、第一部では部長にあまり情報を上げない傾向があると聞いたことがある。虎の子の情報を警察に持っていかれないようにするためだろう。現在もそうなのかは、私は承知していない。

監視拠点が発見された

八六年四月には調査第二部長から総務部長へと公安調査庁内での異動となった。

総務部長は公安調査庁のナンバー3に当たるポストだ。予算や会計、人事、広報などを担当するが、その仕事のひとつに毎年、公安調査庁が発行している『内外情勢の回顧と展望』の編集がある。記事の推敲《すいこう》には一か月ほどかかり、これがなかなか大変な作業である。

この資料はオープンにされており、公安調査庁のサイトからダウンロードできるので、ぜひ一読されることをお薦めする。北朝鮮や中国、ロシアといった諸外国の情勢から国際テロ、国内の過激派やオウム真理教、さらに近年であればサイバー攻撃に至るまで、毎年、幅広いテーマで公安調査庁が収集した情報の一端を紹介している。

総務部の職掌《しょくしょう》ということで言えば、協力者の運用も行なっている。公安調査庁が調査対象としている団体などについて情報を提供してくれる者に、規定に従って謝礼金を支払う。協力者には担当が決められ、その状況について定期的に報告を上げさせていた。

先に触れた中国の専門家である松本氏から協力者のことで相談を受けたことがある。

「天安門事件で日本に逃げてきた中国人のためにアパートを借りてあげたいのです。これまで自分のポケットマネーで支援してきましたが、どうにも形がつかなくて」

この中国人は逃げてきたと言っても、まだ中国にいる仲間と連絡を取りあっており、中国共産党の内部情報も入ってくるという。それならとお金を出すことを承認した。

総務部長在任中に起きたトラブルとして、八八年一一月に調査対象としていた日本共産党との間に起きた一件に触れなくてはならない。

共産党の本部にあたる中央委員会が東京の代々木にあるのは、ご存じだろう。代々木という地名は、共産党の代名詞にもなっている。

その党本部の建物に直面するマンションの一室に関東公安調査局が監視拠点を設置していたのだが、共産党側に発見されてしまい、マスコミを巻き込んでの大騒ぎとなったのだ。共産党は公安調査庁の職員を公務員職権濫用罪と業務妨害で東京地検に告訴した。

なぜ発見されてしまったのか。当時の新聞報道にはこうある。

〈昨年六月二日、窓際に置いてあった段ボール箱に四角い穴が開いているのを、同党（共産党）職員が見つけた。夜になってもカーテンが開いたままで、室内の模様替え後も、段ボール箱は窓際に置かれたままで、時折、二人の男が箱の中をのぞいていた。

そこで、箱を望遠写真で撮って調べたところ、穴の開いたところに、業務用の監視ビデオカメラCCTVに使うレンズが写っていた。

同室には「ジャナエレクトロニクス東京連絡所」という表札がかかっており、二人の男が毎日「出勤」していた。うちひとりは昨年、大学卒業後、公安調査庁に入庁、関東公安調査局に勤めるA職員（二四）だと分かった〉（『朝日新聞』八八年一一月一七日付朝刊）

なんとも情けないことだが、現場は共産党員や野次馬、それにマスコミが大挙して集まり、なかにいる職員は一歩も外に出られない事態になっているという。拠点を設けた部屋に入ろうにも、共産党関係者が妨害してままならないとも聞かされた。

まずは現場に急行することにした。

現場に着くと、誰も私のことに気づかない。それはそうだろう。公安調査庁のナンバー3とはいえ、顔が知られているわけでない。私もただの通りすがりのふりをして、「どうしたんですか。何かあったんですか」と声をかけてみた。

「公安調査庁があそこから監視していたそうだ。けしからんよ」

そういう相手に、

「そうなんですか。そんなことがあったんですか」

などと返したものである。

野次馬に紛れて現場の状況を確認し、検察OBの弁護士とも相談してマンションへの出入りを妨害することを禁止する仮処分を裁判所に出してもらい、無事に職員や機材を室内から出すことができた。

マスコミの中には、このトラブルの二年前に、神奈川県警が共産党国際部長宅を盗聴していたことが発覚して警察庁警備局長らが辞職に追い込まれた事件を引き合いに出して、「公権力が治安維持を目的として政党や団体を規制することは、基本的人権を侵害することにもなりかねない」と報じるところもあったが、調査対象団体に指定されている共産党への監視活動自体は、破防法に基づく正当な活動であり、なんら違法なものではない。

国会でも共産党議員から「公安調査庁が長期にわたって盗み撮りしていたのは、国家権力による重大なスパイ行為だ、このような権力犯罪が許されてよいと思っているのか」などと追及されたが、公安調査庁としての見解・立場を繰り返し説明することで、トラブルは収拾できた。それにしても、なんたる失態か。なんたる不手際か。情報機関としてあるまじきことである。

公安調査庁の優秀さを述べてきたが、こうしたミスもある。心してかからねば、これまで築いてきた情報収集体制がいつ瓦解するかわからない。そんな教訓も得た出来事だった。

総務部長にはこの騒動の翌月まで在職し、その後は最高検へと転出した。最高検の検事を務めた後は長野地検の検事正、そして最高検の公安部長となる。

そして、九三年七月、再び公安調査庁へと戻ってきた。今度はトップの長官としてである。私はインテリジェンス・マスター《情報機関長》となったのだ。

第七章

インテリジェンス・マスター

公安調査庁が特に力を入れて情報収集を進めていた北朝鮮情勢をめぐり、一九九〇年代の前半に大きな動きがあった。ひとつは、一九九四年七月に金日成国家主席が死亡したことである。最高指導者の交代に伴う混乱の恐れがあった。そして、もうひとつは、北朝鮮による核開発をめぐり国際的に緊張が高まったことである。一九九四年六月に北朝鮮がIAEAを脱退すると、国連安保理では北朝鮮への経済制裁が議論されるに至った。

公安調査庁は、官邸や与党の情報ニーズに積極的に応えることで、当時、一部にあった「不要論」を抑え、組織の存在意義を示すことに成功した。

CIA本部へ

スウェーデンのストックホルムは、バルト海の大小さまざまな島からなり、水の上に浮かぶような美しい景観の街である。

一九九三年七月に公安調査庁長官に就任した私は、欧米への出張に合わせてこの街を訪れた。

じつはスウェーデンの情報当局の幹部に、公安調査庁が長年にわたり世話になった人物がいた。彼が定年で引退するというので、協力への礼を伝えようと現地に向かうと、「ぜひうちの長官に会ってほしい」となったのである。

てっきり役所で会うのかと思っていたが、民間のアパートの一室にアジトがあるという。向かうと室内には緑のベルベットの緞帳《どんちょう》がいくつも天井から下がっており、それをかき分けながら進んだところに長官の執務室があった。まるでスパイ映画の一シーンのようだった。

スウェーデンは中東の紛争国間の和平を仲介するなど独自の外交で知られる。それだけに優れた情報の蓄積がある。私のねらいはそこにあった。それまで正規なものに至っていなかったスウェーデンの機関との協力関係のフェーズを上げていこうと考えたのだ。

その結果を詳しく明かすことはできないが、前向きで実りある会談になった。

この欧米出張では各国を回ったが、印象深いのはフランスである。この国では情報機関の長官が自らの公館に招いてくれた。

パリでの滞在先のホテルに青色灯を点けた車が出迎えに来てくれ、高速道路をすっ飛ばして送り届けてくれたかと思いきや、着いた先の公館には専属の料理人やサーブをしてくれるスタッフまでいたのには驚いた。

当時は、にわかに北朝鮮に核開発疑惑が湧き上がり国際社会の関心が高まっていたが、ヨーロッパではそれまで遥か遠い極東の北朝鮮に対する関心がさほど強くなかったこともあり、どの国も情報機関に北朝鮮情報の十分な蓄積がなかった。優雅な食事に舌鼓を打ちながらではあったが、北朝鮮情勢について質問攻めにされたことを覚えている。

欧州での日程を済ませてから向かった米国では、ワシントン郊外のバージニア州ラングレーにあるCIA本部を訪ねた。厳重なセキュリティ・チェックを幾度も受けて入った本部の一室で、北朝鮮の核開発関連施設を捉えた人工衛星の画像を何枚も見せてもらった。

今から三〇年も前のことだが、施設周辺に停められたトラックなどの車両どころか、立っている兵士の姿まで写っているほどの解像度の高さである。米国の最先端の人工衛星の画像を見たのは、その時が初めてだったが、あそこまで克明に写っているとは思ってもいなかっただけに、驚いたものである。

現在であれば、衛星の技術もさらに進歩しているであろうし、ドローンを使った撮影なども行なわれているだろうから、さらに鮮明な画像を手に入れているはずだ。

この欧米への出張には公安調査庁のプロパーで極めて高い英語能力を持つ職員が随行してくれた。彼は空手の有段者であり、いわばボディガード役でもあった。ところが、私は割と単独での行動を好むほうだ。会食の日程が入っていない晩など、バーのような庶民的な店にひょいと入ってドリンクを注文したりするのを見かねて、彼が注意をしてくれたものである。

「長官ともあろう方がそこらの居酒屋みたいな店に入るのは、危険です」

考えてもみれば、多くの国で情報機関のトップといえば、閣僚級のポストである。テロの対象になってもおかしくない。

日本の公安調査庁で長官をやっていると、なかなかそういう意識を持てない。改めて日本における情報機関の位置づけの低さを実感した次第である。

私が公安調査庁の長官だったのは、一九九三年七月から九五年七月までの二年間だ。

自民党が結党以来、初めての下野、代わって細川護熙《ほそかわもりひろ》政権が発足、さらに羽田孜《はだつとむ》政権を経て自民党が社会党の村山富市《むらやまとみいち》氏を担ぎ出した自社さ連立政権へと、目まぐるしく権力の構図が入れ替わった時期にあたる。

社会党が政権入りすることが右翼や新左翼の過激派に波紋を起こし、一部に活発化の傾向を見せていたことからその動向を注視していたが、在任中に起きた大きな出来事といえば、やはり九四年七月八日の金日成国家主席の急死と九五年三月二〇日の地下鉄サリン事件を挙げなくてはならない。

北朝鮮では早くから長男の金正日氏への後継体制に向けたレールが敷かれていたため、

最高指導者の交代による混乱は起こりにくいと考えられていたが、国内の一部、とりわけ軍の一部に不満を持つ勢力があるとの見方もあり、展開次第では情勢の流動化も考えられた。

実際、九五年には北朝鮮東北部の清津《チョンジン》に司令部を置く第六軍団で、平壌に攻め上り金正日体制の転覆を図るクーデター未遂の動きがあったが、密告により発覚。関係者が徹底的に逮捕、処刑される事件があったという。

体制の交代に伴う問題に加えて、食糧難の問題が深刻化しつつあった。コメやトウモロコシなどの穀物の生産が九四年から激減するようになったのである。

燃料となる薪を得るために、山林の伐採を進めたことで山の保水力が失われ、洪水に見舞われやすくなったことや、化学肥料の過剰投下や連作障害などで土壌の生産力が低下したことなどが原因とされるが、北朝鮮の農業政策の失敗に起因することは明らかである。

UNDP（国連開発計画）の推計によると、九三年に三五六万トンあった北朝鮮のコメの生産量は、九四年に二一八万トン、九五年には一四〇万トンまで下がった。国内では飢餓が深刻化し、餓死者が続出する中で、九六年からは「苦難の行軍」のスローガンで国民に耐乏生活を強いるようになる。

そんな状況の中で、北朝鮮に各国の疑惑の目が向けられるようになったのは、秘密裏に進められていた核開発に由来する。

北朝鮮は六〇年代にソ連から研究用原子炉の提供を受け、その後、八〇年代になると平安北道の寧辺に黒鉛減速型の原子炉を建設する。これを察知した米国がソ連に圧力をかけたため、北朝鮮は八五年にＮＰＴ（核不拡散条約）に加盟、ＩＡＥＡ（国際原子力機関）の監視下に置かれることになった。

だが、その後も北朝鮮が核兵器の開発を進めたことから、ＩＡＥＡは九三年二月に未申告の核関連施設の存在を指摘して特別査察を要求。これを北朝鮮が拒否したことで、国際情勢は一挙に緊迫化する。

九四年六月には北朝鮮がＩＡＥＡからの脱退を宣言。使用済み核燃料からプルトニウムの抽出を強行する。国連安保理で北朝鮮への経済制裁が議論され、当時のクリントン米政権が北朝鮮への限定的な爆撃の検討に入るなど軍事衝突への懸念が高まった。

最終的に九四年一〇月に「米朝枠組み合意」で、北朝鮮に軽水炉二基を提供する見返りに、核兵器の開発を凍結することが決まり、いったん緊張が緩和する。しかし、北朝鮮はその後も核開発の手を緩めようとせず、現在では数十基の核兵器を保有するに至ったとされる。

私の長官在任は国際情勢の関心が北朝鮮一色となった時期と重なる。

各国はトラブル・メーカーと化したこの国の新たな指導者の人物像を探りたいと躍起となっていた。外国の情報機関の幹部らと会うと、「金正日はどんな人物だ？」と質問攻めにされる。どんな考え方の持ち主で、国内での権力掌握はどの程度まで進んでいるのだ、と。

政務調査会からの要請

北朝鮮情勢が緊迫化してくると、国会でも関心が高まり、公安調査庁に対して答弁を求めてくる機会も増えてきた。それに伴い、夜遅くまで答弁の準備に追われるという、霞が関の官庁らしい（？）業務も多くなった。

とりわけ国連安保理で北朝鮮への経済制裁も辞さないとの声が高まってくると、日本から朝鮮総連や在日朝鮮人らの手で海を渡り北朝鮮に流れる、年間数百億円もの送金に対して、国際的にも厳しい目が注がれるようになった。制裁の抜け穴になる可能性があるからだ。

当時の自民党内にはこの問題への関心が強く、そのニーズに応じることは公安調査庁にとって重要な業務であると考え、北朝鮮情報を担当する調査第二部長の菅沼光弘氏を中心に動いてもらった。

例えば、自民党の政務調査会からの要請を受けて、九四年二月に菅沼君が送金問題について報告をしている。

北朝鮮の貨客船・万景峰《マンギョンボン》92号が北朝鮮への資金流出に大きな役割を果たしていること、当時、年間七〇〇〇人に上っていた在日朝鮮人による親族訪問では、人道的ケースとして一人五〇〇万円までの現金の持ち出しが認められていることから、単純計算でも年間三五〇億円の現金が流れていることなどを説明。何らかの規制が必要であることを伝えている。

政務調査会長だった橋本《はしもと》龍《りゅう》太郎《たろう》氏からは、経済制裁が具体化するともなれば、法制度上の問題はないのか、また制裁に対して「非人道的である」との非難が出たらどうするのかとの指摘があった。

政務調査会だけではない。自民党の有力政治家には個別に説明に出向くこともあった。さらに、野党の新生党などに対しても行なっている。

こうしたなかで、北朝鮮の出先という性格も持つ朝鮮総連について国会で取り上げられることも多くなっていく。

九四年三月三〇日の衆議院予算委員会で朝鮮総連の活動について問われた私は、朝鮮総連が五一年から五二年にメーデー事件や吹田事件などの暴力主義的な破壊活動を日本共産党とともに起こしていた民戦（在日朝鮮統一民主戦線）をそのまま継承していること、韓《ハン》徳銖《ドクス》議長ら最高幹部六人が北朝鮮の国会に相当する最高人民会議の代議員を兼ねていること、そして総連内の非公然組織に学習組があり、およそ五千人が非公然活動に従事していることを明らかにした。

学習組の存在はかねてから指摘されてきたが、国会の場でその名を明らかにしたのは、私が最初だろう。

国会で議論が重ねられるうちに、自民党内での関心がさらに高まっていった。それに歩調を合わせるように、政府は閣僚懇談会で安保理が経済制裁に踏み切った場合を想定して、在日朝鮮人による北朝鮮への送金の停止、日朝間の貿易の停止、渡航の制限、船舶や航空機の往来の規制などが可能なのか、法制度面から検討に入ることにした。

公安調査庁でもこうした動きを受けて次長を本部長とする特別調査本部を設け、北朝鮮や朝鮮総連の動向、日本から北朝鮮への送金の実態、そして日朝間の貿易に関する情報をこれまで以上に手厚く収集する体制を整えることにした。

朝鮮労働党に「三九号室」と呼ばれる外貨獲得機関がある。八八年に脱北した北朝鮮政府関係者から情報がもたらされるまで西側の情報機関の間ではその存在すら明らかでなかったが、金正日氏の決裁を直接受けて活動しているという。経済制裁ともなれば、この機関の動きを封じることが重要となってくるが、その後も実態はよく分からなかった。

だが、公安調査庁は来日した三九号室の責任者の動向を密かに監視し、面談相手や訪問先を確認するよう努めていた。朝鮮総連がこの責任者に一泊三六万円もする高級旅館を用意するなど手厚い対応をしていたことまで把握していた。三九号室がどのようにして日本で資金を集め、北朝鮮へ送金するのか情報を得るためである。

さらに、日朝間の貿易ということでは、朝鮮人民軍の傘下にある商社と日本国内の商社がどのような取引を行なっているか詳しく調べた。その結果、以前から朝鮮総連に近いとされてきた商社だけでなく、いわゆる大手総合商社の中にも農薬を輸出するなどの取引を行なっていたことが判明している。

結局、先に述べたように、この時は米朝の枠組み合意により緊張の緩和が実現したことで、本格的な経済制裁の実施は回避された。制裁をめぐる議論が再燃するのは、北朝鮮が核実験や弾道ミサイルの発射を繰り返すようになる二〇〇〇年代になってからである。

公安調査庁が収集した情報を報告する相手として最も大切なのは、当然ながら首相官邸である。日本政府のトップである首相やその周辺にいる官房長官、官房副長官らスタッフに有益な情報を上げて政策遂行に活用してもらう。それが情報機関にとって最大の役割である。

情報機関の役割を重視する傾向が高まっていることもあるのだろう。私の五代後の長官である町田幸雄《まちだゆきお》氏からは直に首相に情勢報告をするようになったそうだが、私が長官だった時代は、長官から官邸への報告は官房副長官に対して行なうこととされていた。

官房副長官には衆議院議員と参議院議員から選ばれる政務の副長官二人と、旧内務省系の省庁の事務次官経験者から選ばれる事務の副長官一人がいるが、このうち事務の官房副長官に対して行なう。私の時は自治省の元事務次官だった石原信雄《いしはらのぶお》氏やその後任で厚生省の元次官だった古川貞二郎《ふるかわていじろう》氏に膝を突き合わせながら報告をした。

副長官への報告は定期的に行なわれるものではない。公安調査庁として官邸に上げるべき情報が入ったと判断した時に時間を作ってもらっていた。

当時はやはり北朝鮮に関連するものが多かった。とりわけ米朝関係が一触即発となっていた頃である。米国が北朝鮮に対する軍事的オプションを採るのではないかとの見方があるなかで、在日米軍や在韓米軍の動向、さらには北朝鮮軍の配置などの情報へのニーズが高かった。

北朝鮮問題の根幹とも言うべき、そもそも北朝鮮は核保有しているのかという問題についても官邸に報告を上げている。

核兵器の製造にあたり技術的に重要なポイントとなるのは、以下の三点である。まず、プルトニウムの抽出や濃縮の能力を有しているか。次にプルトニウムの核分裂を臨界量に到達させる「爆縮」を起こすための起爆装置が開発できているか。そして、航空機やミサイルなどで運搬可能なほど核兵器を小型・軽量化する技術があるか。

これら三点を中心に分析して北朝鮮の核保有の可能性について公安調査庁としての評価を下した。それにあたっては、西側某国の情報機関から提供された情報が大きな手掛かりとなった。提供された情報を詳《つまび》らかにすることはできないが、プルトニウムの濃縮や起爆装置については北朝鮮がすでに能力を有し、小型・軽量化についても、北朝鮮が多数保有していたＭｉＧ23戦闘機によって運搬可能であろうとされていた。

この情報に加えて公安調査庁が有していた独自の知見も盛り込んで、私たちは北朝鮮が核兵器製造能力をすでに擁《よう》しており、製造済みである可能性も排除できないと評価を下し、報告した。

その後、北朝鮮が核兵器の保有を公式に宣言したのが二〇〇五年二月、そして初の地下核実験に踏み切ったのが〇六年一〇月のことであるから、一〇年以上も前から北朝鮮の核開発の動向をほぼ正確に把握していたわけである。

ストックホルム国際平和研究所の推計では、北朝鮮が保有する核弾頭の数は今や五〇発に上るという。さらに大陸間弾道ミサイル（ＩＣＢＭ）まで保有するに至っている。北朝鮮の核戦力は格段に向上し、日本を含む北東アジア各国の軍事的な脅威となったことは言うまでもない。

橋本龍太郎の情報収集力

私が公安調査庁の長官だった時期に、内閣情報調査室長として官邸のインテリジェンスを取り仕切る立場にあった大森義夫《おおもりよしお》氏は、週に一度、首相に直接、内外の情勢をブリーフィングする立場だった。その大森氏は、宮沢喜一首相に始まり、細川護熙、羽田孜、村山富市、橋本龍太郎の五人の首相に仕えた。著書でこう振り返っている。

〈宮沢さんは総理大臣が下僚の報告を聴取するというオーソドックスなスタイルだった。黙って聞いていて、定評ある鋭い質問を一つ、二つする。「北朝鮮のミサイルのペイロード（搭載量）はいくつですか？」と訊かれて質問の意味すら分からず私が敗退した一幕は前著に記した。もう一つ恥をさらせば、学者の献策を紹介したところ「どういう人ですか」と訊かれた。「はぁ、東大教授です」と答えたら、「どういう東大教授ですか」と重ねて訊かれて「うー」と詰まった。詳しい背景や評価を調べておくべきだった！（中略）「お待たせー」などと言って待合室まで気軽に迎えに来てくれる橋本龍太郎さんは楽しかった。橋本総理とは中国空軍が保有しているスホーイ27戦闘機の数について意見が合わず、二週間越しで「論争」したこともある。

この頃になると、私もさすがに総理報告のベテランとなり、総理との年齢差も小さくなっていた。総理報告にあたっては進め方に決まりはないのだから、メインを三本くらい、サブを五本ほどテーマとして準備しておく。これの並べ方（ラインアップ）にも気を使う。先ず軽いジャブから出すか、最初から本命で勝負に出るか。もっとも橋本さんのように「大森ちゃん、あの件はこうなったよ」と向こうから先にかまされると瞬間に用意していた最大テーマがつぶれる。素知らぬ顔をして「そうですか、ところで」と話題を転換する〉（大森義夫著『日本のインテリジェンス機関』）

情報通だった橋本龍太郎

このように、情報の消費者たる官邸にど

うやって適切に報告を上げていくかは、じつに難しいところだ。

時には官邸サイドから「これを調べてほしい」との要望が伝えられることがある。いわゆる「情報関心」というものだ。首相や官房長官らの関心にいかに迅速に応えられるか、情報機関にとっても腕の見せどころでもある。

ただし、そうした情報関心は、北朝鮮情勢や米軍の動向など国家の行方を左右する問題ばかりに必ずしも向くわけではない。当惑しつつも取り組んでいたのが、選挙における票読みである。

衆議院選挙や参議院選挙、都道府県知事選挙などの大型選挙のたびに職員を使って情勢を調査させ、その結果を官邸に報告するのである。同様の報告は警察もやっていたが、喜ぶべきなのか、公安調査庁の方が正確であるとの定評があった。


日本には公安調査庁やそのライバルである警察の警備・公安部門の他にも、情報機関にあたる組織がいくつもある。現在の名称で言えば、外務省の国際情報統括官組織、防衛省の情報本部、内閣情報調査室がそれだ。

これら日本のインテリジェンス・コミュニティを形成する各機関が一堂に集まり情報交換する場として設けられたのが、合同情報会議である。情報を持ち寄ることで、精度を高めることにつながると期待された。

私が公安調査庁の総務部長に在任していた八六年七月にスタートして、事務の官房副長官が主宰する形で行なわれ、内閣情報室長に加えて、公安調査庁からはナンバー2の次長、警察庁から警備局長、外務省からは国際情報局長、防衛庁から防衛局長などが出席して月に一度のペースで開かれるようになった。

合同情報会議に公安調査庁からどのような情報を出すか、会議前には幹部が集まって議論をするが、正直に言って他の省庁に自分たちの手の内を見せたくない。本当に重要な情報は、この会議の場で出さず、直接、官房副長官に伝えたほうが良いと、お茶を濁す程度の情報になりがちだ。

それは他の省庁も同じであろう。会議後に出席した次長から報告を受けるが、「これは面白い」という情報を耳にしたことがない。どこも出し惜しみしているわけである。

これほど日本の情報機関の縦割り意識は強いのだ。

冷戦後の世界情勢の変化の中で、ソ連による脅威がなくなっていくかに見え、国内を見渡しても極左過激派の衰退は顕著だった。そうした中で、「公安調査庁不要論」が公然と言われるようになる。これはのちに橋本龍太郎首相のもとで結実した中央省庁のスリム化という議論にも乗って大きな声となっていった。

当時は政権与党に社会党が入っていた時代である。破防法の制定の時から反対してきた社会党は公安調査庁へのアレルギーも強く、不要論を後押ししていた。

また、九〇年一一月に行なわれた大嘗祭を前に、この年を「九〇年天皇決戦」と位置づけた中核派が、常陸宮邸《ひたちのみや》や京都御所に迫撃弾を撃ち込むなど全国で一四三件ものテロ・ゲリラ事件を起こすと、政府や自民党は中核派への破防法に基づく団体規制を求めてきたが、公安調査庁は規制に必要なだけの実態解明ができず断念した経緯があった。

当時は公安調査庁の能力を疑問視する声が噴出して、自民党内からも不要論が出る状況だった。警察が公安調査庁を取り込む形で情報機関の一元化をしてはどうかとの議論もあった。

しかし、公安調査庁を廃止して、警察に一本化すると、どうなるのか。

警察が高い情報収集能力を持つことは、もちろん認めるところであるが、その組織の性格上、どうしても捜査を前提とした情報収集になってしまう傾向がある。

それに一本のルートだけから入る情報だけで官邸が政策判断をすることは、時に深刻な過ちを犯す恐れがある。これが極めて危険なことであるのは言うまでもない。

さまざまなルートで情報が上がってこそ、情報を使う立場である官邸は、バイアスを排除して適切な判断を下すことができるのだ。

太平洋戦争中に米軍のルソン島への上陸作戦を的中させるなど日本陸軍きっての情報参謀だった堀栄三《ほりえいぞう》氏も著書『大本営参謀の情報戦記』でこう述べている。

「情報は一線だけではその真偽が判明するものではない。ダイヤモンドの真偽は、二線交叉、三線交叉で初めて識別出来る」

私の長官在任中、最も心を砕いたのは、この不要論に伴う予算や人員の削減を求める圧力から組織を守ることであった。

そうした圧力には、私だけでなく公安調査庁全体で非常に強い危機感を持っており、総務部を中心に機構改革に向けた案をつくり、それによって組織の生き残りを図ろうとした。「東西対立」や「左右対立」といった、それまでの図式では説明できない対立や紛争に対応できる組織を目指すための構想でもあった。

まず、調査第一部においては共産党の調査を手厚く進めてきた体制を思い切って合理化する一方で、これまでのような共産党や過激派など調査対象団体に的を絞った調査・分析を行なうのではなく、他のさまざまな団体に視野に入れた調査を行なうこととした。

また、それまで共産党および極左過激派を調査第一部、それ以外を調査第二部という分担であったため、北朝鮮や中国の調査・分析をする第二部が極右団体も担当する状態となっていたのを改めることにした。第一部が「国内」、第二部が「国外」とシンプルに分掌させ、第二部による海外での調査体制を充実・強化することを打ち出した。

この機構改革の原点には、そもそも公安調査庁は破防法に基づく調査や団体規制請求を行なう官庁なのか、それとも情報機関なのかという発足当初から言われ続けてきた問題がある。私たちが目指したのは、発足以来の団体規制のための機関から「公安情報の総合官庁」への脱皮だった。

この機構改革案はその大胆さゆえに庁内で反発する動きがあったのだろうか。何処からか外部に流出して新聞にすっぱ抜かれてしまう。例えば、『東京新聞』にこんな記事が出たことがある。

〈破壊活動防止法に基づいて団体の調査活動を行なっている公安調査庁（緒方重威長官）が、従来の活動の枠を大幅に拡大、一般の労働組合や市民・住民団体なども公安情報の収集対象とすることを検討する内部文書をまとめていたことが、三十一日までに明らかになった。冷戦構造の崩壊に伴い国内共産勢力も衰退。戦後五十年の節目を迎えて同庁が計画している業務見直し策の一環とみられる。情報収集の対象団体を広げた場合、同庁の活動が憲法に定められた集会、結社の自由やプライバシーなど基本的人権を侵す恐れもあるとして、論議を呼びそうだ。

〈中略〉今回明らかになったのは「業務・機構改革の趣旨と改革の骨子」と題する内部文書。それによると、今まで暴力的破壊活動を行なったことがなく、将来の方針が明らかでない団体であっても、今後は「情報収集に努める」などとし「従来の調査対象団体にとどまらず、幅広い団体の動向把握」をしていく考えを打ち出している。

また、これまでの公安調査庁の調査活動の範囲は「（破防法などの）規定に照らしても狭すぎた」と述べ、今後、常時動向を把握すべき団体として全労連、連合などの労働組合や政党などを挙げ、環境や消費者問題などに取り組む市民団体、住民団体も、その都度動向を把握すべき団体として情報収集の対象に指定するとしている。

今後の情報収集について文書は「幅広くさまざまな諸団体も視野に入れた情報の収集、分析を行ない、公安への影響を未然に防止し、最小限とするため」としている。

一方、同庁の業務見直し策の方針については「（破防法のための）規制機関としての本来的役割を堅持しながらも、業務の比重を公共の安全確保のための情報収集に移す」とし、（1）海外公安情報収集の強化（2）日本共産党調査の合理化（3）情報活用の高度化——を挙げている〉（『東京新聞』九五年一月一日付）

残念なことに、私たちが目指した真意は十分に伝わらず、「憲法に定められた集会、結社の自由やプライバシーなど基本的人権を侵す恐れがある」との批判に終始した記事が多かったように思う。もちろん、こうした危惧の声があるのは、分からないわけではない。だが、公安調査庁不要論を押しとどめ、組織を守るために機構改革を進めなくてはならない。それが官邸への情報ルートの多元性の維持という国益につながるからだ。

私は自民党への根回しや陳情を積極的に行ない、機構改革への理解を求めた。安倍晋太郎《あべしんたろう》氏や橋本龍太郎氏、そして森喜朗《もりよしろう》氏らには、長官になる前の総務部長時代も含めて何度もお願いに上がったと記憶する。森氏は私とは早稲田大学の同窓である。赤坂プリンスホテルの旧館にあった清和会の事務所で会うと、

「私は大学でラグビーばっかりやっていて長官のように勉強しなかったからなあ」

そう冗談を言いながらも私の話を熱心に聞いてくれた。情報の一元化は間違いのもととなる恐れがあり危険である、絶対ダメですと口をすっぱくして説明したものだ。

これは総務部長時代の八八年七月に橋本氏に説明に行った時のことだ。公安調査庁の情報収集能力の高さを縷々《るる》説明して存続を訴えると、逆にこう切り出された。

「公安調査庁も知らないような情報を教えてやろうか」

「なんでしょうか？」

そう尋ねる私に、東京湾で海上自衛隊の潜水艦「なだしお」と遊漁船が衝突した事故の

詳細を明かしてくれた。俺だって情報を持っているんだぞと言ってみせたかったのだろう。

事故当初、防衛庁はなかなか情報を出さず、マスコミから大変なバッシングを受けたが、さすがに政界きっての政策通として霞が関ににらみを利かせていた橋本氏だ。おみそれしたものである。

ともあれ、こうした根回しが実り、予算と人員の削減こそ受け入れざるを得なかったが、私の長官在任中に存続はもちろん、機構改革にも一定のメドをつけることができた。思えば、父が立ち上げに関わった公安調査庁に対する不要論を、不肖の息子である私が跳ね除けるべく奔走したというのも、何とも不思議な因縁である。

ただ、その後も公安調査庁は、民主党政権時代に行なわれた事業仕分けで廃止の対象に名前が挙がるなど翻弄され続けている。職員の士気を考えると、憂慮すべきことだ。

それだけに九五年三月の地下鉄サリン事件の後、私が端緒を切る形で破防法に基づく団体規制に向けた手続きを進めた結果、公安調査庁に対する関心が高まったことは、不要論を退ける上で、大きな転機となったと言える。

ただ、団体規制請求そのものは、第一章で述べたとおり、公安審査委員会で棄却されてしまった。私の後任の長官となった杉原弘泰《すぎはらひろやす》氏はさぞ苦労したはずだ。

この時に公安調査庁の次長経験者で参議院議員の佐藤道夫《さとうみちお》氏が、団体規制に反対の論陣を張ったのには呆れた。

新聞紙上で「公安警察の尾行が四六時中つくことになり信者らの社会復帰の妨げになる」（『毎日新聞』九五年一二月一五日付）などと主張したかと思えば、教団側弁護団が九六年七月に弁護士会館で開いた「自主弁明」の集まりに出席して「教団に破防法適用要件の政治目的、将来の危険性はなく、法律的に適用は難しい」と述べたこともあった。

佐藤氏が次長だったのは、私が総務部長だった時でもある。

次長の後は横浜地検検事正などを経て、札幌高検検事長となった。検事長に在任中の九二年九月、東京佐川急便事件で政治資金規正法違反に問われた自民党の金丸信《かねまるしん》氏が二〇万円の罰金刑という処分で済まされると、事情聴取すらしないのかと東京地検を批判した投稿を朝日新聞に載せて、現職の検事長による告発と話題となったが、私は佐藤氏の評論家のような気質がずっと気になっていた。

団体規制請求が却下された後、九九年一二月に無差別大量殺人行為を行なった団体の規制に関する法律（団体規制法）が制定されたことで、オウム真理教およびその後継団体などに対する公安調査庁の観察処分に法的根拠がようやく与えられることになったのは、第一章で述べたとおりである。

以来、公安調査庁は地道な調査を重ねてきた。現場で奮闘してきた公安調査庁の職員らに頭が下がる思いである。

本章の最後に先に挙げた日本陸軍きっての情報参謀だった堀栄三氏は前掲書でこう書いていることを指摘しておきたい。

〈昔ドイツで読んだある本の中に、

「兎の戦力は、あの速い脚であるのか、あの大きな耳であるのか？」

という設問があった。

答えは、いかに兎が速い脚を持っていても、あの長い耳ですばやく正確に敵を察知しなかったら、走る前にやられてしまう。だから兎の耳は、兎にとって自分を守るための最重要な戦力だというのである。

（中略）ますます複雑化する国際社会の中で、日本が安全にかつ確乎として生きていくためには、なまじっか軍事力よりも、情報力をこそ高めるべきではないか。

長くて大きな「兎の耳」こそ、欠くべからざる最高の〝戦力〟である〉

堀氏が言う「兎の耳」を研ぎ澄ます努力は、今後も片時も手を緩めてはならない。情報の大切さを決して軽んじてはならない。それが私たちが歴史から学んだことである。

第八章　朝鮮総連

東京の飯田橋駅近くにある朝鮮総連本部の土地建物が整理回収機構（ＲＣＣ）によって差し押さえの危機を迎えたのは、二〇〇七年のことである。かつての朝銀信用組合の不良債権のうち六二七億円が総連向けの融資だったとして債務の返還を求められたためだ。民族の拠り所を守りたい。そう懇願する朝鮮総連トップの依頼を受けて、救済に手を貸した私は、当時の安倍晋三《あべしんぞう》政権の逆鱗《げきりん》に触れることになる。かくして元公安調査庁長官が東京地検特捜部によって詐欺の容疑で逮捕されるという前代未聞の事件へとつながる。

バブル紳士たち

二〇〇七年六月八日のことだ。

一〇年前に広島高検の検事長を最後に退官し、私は弁護士に転じていた。検事長まで勤め上げた検察官には、それ相応の顧問先が用意されているものだ。私の場合は、生命保険会社に鉄鋼メーカー、銀行など一〇社近くの企業の監査役をかけ持ちで引き受けていた。

当時は都内の虎ノ門に事務所を構えていた。そこに朝から電話をかけてきたのは、私の七代後の公安調査庁長官だった柳俊夫《やなぎとしお》氏だ。

「緒方先生、突然にお電話して恐縮です。じつは朝鮮中央会館の土地建物がハーベスト投資顧問という会社に売却されたということで登記が上がってきています。この投資顧問会社は緒方先生が代表取締役をなさっているようですが、どういう経緯なのか教えて頂けますか?」

もう登記が上がっているのか。思ったよりも早かったことに多少の驚きを覚えつつも、柳氏の切羽詰まった様子から公安調査庁の困惑ぶりを感じ取った。

それはそうだろう。かつて公安調査庁の長官だった私が、調査対象団体と位置づけていた朝鮮総連の本部が入る朝鮮中央会館の土地建物を買い取った形になっていたのだ。しかも、当時はRCCによる中央会館の差し押さえが目前に迫っていた時期でもある。それを公安調査庁は百も承知だったはずだ。

長官自ら問い合わせをしてきたことに、先輩である私への配慮とともに、公安調査庁が事態を深刻に受け止めていることを感じさせた。私は、柳長官にここに至った経緯や持論を丁寧に説明してみせた。

この経緯を説明するには、まずこの取り引きを持ち込んだAという男について触れなくてはならない（Aとは本件以降に関わることがなく、近況が不明であるため本書では匿名とする）。Aは長崎県の五島列島の出身で、裸一貫から不動産会社を立ち上げ成長させた人物だ。バブル景気の時代に各地で地上げを仕掛け、特に東京・神田周辺での地上げで業界にその名を轟かせた。

自民党の清和会にパイプを築き、三塚博や中川秀直といった大物政治家に多額の献金をしたことでも知られる。とりわけ三塚とは関係が深く、秘書をしていた時期もあるという。

そのAを私に紹介したのは、フィクサーとして知られる朝堂院大覚氏である。私が弁護士に転じて一年が経った頃だ。じつに胡散臭いルートからの紹介であったが、Aはバイタリティに溢れ、不思議な魅力を持つ人物だった。

破産状態になりながらも旺盛な事業意欲で次々といろんな案件を持ち込んでくる。それらの中には怪しげなものも少なくなかった。それでもすっかり蜜月関係になっていた私は、時に弁護人として、時にアドバイザーのような立場で、関わり続けてしまう。

そうしたAが持ち込んできた案件のひとつが、朝鮮総連に関係したものだった。Aは信濃町や飯田橋に朝鮮総連が所有していた土地の売買を仲介したこともあり、最高幹部らとつながりが深かった。

〇七年三月のことだったと記憶している。

「土屋公献先生はご存じですか?」

Aはいきなりそんな話を始めた。

知っているも何も土屋氏といえば、司法修習一二期で私の同期生であり、日弁連の会長も務めた名うての弁護士である。旧日本軍の七三一部隊や重慶爆撃などの国家賠償事件で原告側の弁護団長を務めるなど、いわゆる「人権派弁護士」としてよく知られた。そして長年にわたり朝鮮総連の顧問弁護士をされていた。

ただ、公安担当の検事としてキャリアを重ねた私と土屋弁護士は、いわば「水と油」であり、公安調査庁の長官時代には、オウム真理教への団体規制をめぐり当時日弁連会長だった土屋弁護士に、真っ向反対の論陣を張られたこともあった。司法修習の後は直接会ったこともない。

「もちろん知っているけど、その土屋先生がどうしたの？」

「じつは、いま朝鮮総連がＲＣＣと訴訟をやっていて、敗訴ともなれば本部を差し押さえられてしまうのです。それを回避するために中央本部を売却するという話が進んでいて、私が朝鮮総連側から相談を受けているというわけです。ぜひ緒方先生にもご協力頂きたいと思っているのですが、一度、土屋先生と会ってもらえませんか」

これには即座に断ると伝えた。

「無理ですよ。私は公安調査庁の長官をやったんだよ。調査対象団体にしている朝鮮総連とそんな関わりを持つなんてできません」

ところが、私が拒否してもAは簡単には諦めない。その後もしつこく食い下がってきた。深夜に電話をかけてきて何度も同じ話をするかと思えば、事務所にも押しかけてくる。あまりのしつこさに土屋先生と会うだけならと了承することにした。

四月一三日、銀座一丁目にあった土屋弁護士の事務所を、私はAとともに訪ねた。案内された応接室には、土屋弁護士の他にもう二人待っていた。朝鮮総連の責任副議長である許宗萬《ホジョンマン》氏と財政担当常務委員の趙孝済《チョヒョゼ》氏だ。許氏は言わずと知れた朝鮮総連の最高実力者であり、当時はまだ健在だった北朝鮮の金正日総書記と直接やりとりできると言われた人物だ。

彼が金正日総書記のお墨つきを得て責任副議長のポストに就いたのは、私が公安調査庁の長官に就いたのと同じ一九九三年七月。ずっと彼のことを監視し続けてきただけに、その経歴や顔は頭の中に徹底的に入っていたが、直接会うのはこの時が初めてである。

その許氏は朝鮮総連が置かれている窮状を率直に打ち明けた。

「RCCから朝鮮中央会館の強制執行を受ける恐れがあり、困り果てています。あの会館は私たち在日の拠点です。なんとしても守り抜かねばなりません。緒方先生、なんとかお力を貸して頂けないでしょうか」

朝鮮総連は、私が公安調査庁の長官を務めていた時期に比べて凋落《ちょうらく》の一途を辿っていた。〇二年九月に小泉純一郎《こいずみじゅんいちろう》首相が訪朝した際に、金正日総書記が日本人拉致を認めて謝罪したことの影響が大きかった。それまで朝鮮総連は拉致を「でっち上げだ」と否定し続けてきただけに、在日社会に失望が広がり、求心力を急速に失っていたのである。

さらに、朝鮮総連の強い影響下にあった朝銀信用組合（朝銀）が、バブル景気の時代に残した巨額の負債が直撃打となった。かつて全国各地に三八あった朝銀は、日本の金融機関と同様にバブル崩壊後に相次いで破綻《はたん》し、一兆円を超える公的資金を投入して七つの信用組合へと再編された。

朝銀の債権を引き継いだＲＣＣは、旧朝銀の不良債権のうち六二七億円について、実質的に朝鮮総連向けの融資だったとして債務の返還を求める訴訟を起こした。この訴訟の判決の期日が二か月後の〇七年六月一八日に迫っているという。しかも、総連側の敗訴は確実で、そうなれば、中央会館の土地建物を明け渡さなくてはならなくなる。

朝鮮総連と土屋弁護士は、以前から中央会館の売却先を必死で探していたが、うまくいかなかったという。パチンコ業者など在日の商工業者には多額の資産を持った人も少なくない。そうした同胞たちに買い取ってもらう形にすれば、何とかなるのではないか。そう私が問いかけると、許氏は首を振りながらこう答えた。

「お金を確保できても、内輪でやってはRCCが信用しません。仮装売買や強制執行妨害だと疑われてしまいます。それに、内輪からお金を出すといっても、国税の調べが入る恐れがあり、同胞の企業はどこも尻込みしてしまうのです。ですが、緒方先生ほどの経歴の方が買い受け側として表に出て頂けるのであれば、RCCも不正な方法ではないと信用してくれるでしょう。いったん買い受けてもらえば、ほとぼりが冷めた頃に間違いなく買い戻させて頂きますから」

要は公安調査庁長官や高検検事長を歴任した私の肩書きを使って、RCCが文句を言ってくることを抑え込んでしまおうというわけだ。

懸命に訴える許氏の横で、Aが「買い受けの資金のことは私に任せてください」と盛んに強調していた。

朝鮮総連の中央会館は、飯田橋駅や靖国神社に近い一等地に位置する。およそ二三五〇平米の敷地に地上一〇階、地下二階の建物が建つ。千代田区富士見にあることから、公安関係者の間では朝鮮総連のことを「富士見」の隠語で呼ぶこともある。

在日社会から集めた寄付金によって八六年に建てられ、在日朝鮮人にとっては民族の象徴とも呼ぶべき拠点であると同時に、北朝鮮にとっては、日本における大使館のような存在でもある。

それが失われてしまえば、どうなるのか。許氏らの説明を聞きながら、そんなことを考えるうちに思わずこう口にした。

「私も子供の頃に必死の思いで母らとともに満州から引き揚げてきた人間ですから、民族や祖国を大切に思う気持ちはみなさんと同じです。その拠点である中央会館を守りたいというお気持ちもよくわかります。また、中央会館が大使館のような機能を果たしてきたことは現役時代の職務からよく知っています。あの建物がなくなればさぞ困るでしょう」

公安調査庁の元長官と朝鮮総連の実質トップといえば、いわば仇《かたき》同士である。それでも許氏が私に頭を下げることに、朝鮮総連の窮状を改めて思い知らされ、強い同情心を覚えた。

「よく私のところに飛び込んできたものだ」

そう感心するだけではない。同時にいろんな思いが私の胸中を交錯した。

ひとつは検事長を最後に退官してから一〇年近くが経っており、この間、大物のヤメ検弁護士として収入に困ることはなかったが、社会的に意義のある仕事ができていたか、もっと人々の記憶に残る仕事を手がけるべきではないかとの思い――あるいは欲といったほうが正確だろうか――があったということだ。

そしてもうひとつは、私の公安検事としての長いキャリアからくる「公安的な発想」が刺激されたということである。

これは朝鮮総連側も十分に知っていることだろうから、あえて隠さないが、公安調査庁や警察は朝鮮総連の本部を長く監視してきた。出入りする人物の確認から、行事の開催、わずかな雰囲気の変化に至るまで仔細《しさい》に把握することで、さまざまな情報を得ることができる。

それは何も朝鮮総連だけではない。公安調査庁が監視対象とする新左翼の過激派に対しても同様の手法で多くの情報を得てきた。

だが、仮に中央会館が明け渡され、拠点が各地に散り散りになったり、あるいは地下に潜ったりすれば、監視活動が困難になることを意味する。中央会館が存続することは、公安調査庁や警察にとっても好都合なのである。

そして何より困っている彼らがリスクを承知で私の手中に飛び込んできた。私の生き方として知らないふりをするということはできない。

こんなことを考えた末に、許氏や土屋弁護士らに協力することを私は決断した。

「私が買い受け人側として表に出るのがいいのならそうしましょう。買い取りの資金はAさんが何とかすると言ってますから、任せるしかありませんね」

その後、日を改めて許氏や土屋弁護士と話し合い、中央会館の売買契約のスキームを決めた。

中央会館の土地建物の売買代金を三五億円とする。総連はそれをＲＣＣへの和解金として弁済に充てる。一方、この売買によって中央会館の所有権の登記を私が代表取締役となったハーベスト投資顧問株式会社に移す。総連は家賃相当額として毎年三億五〇〇〇万円を払ってそのまま土地建物を使用し、五年後に買い戻す。買い戻し金額は四二億円とする。

問題は売買代金の三五億円の調達だった。

肝心のその点はＡ任せだった。どうするのかと問いただす私に、Ａが連れてきたのが三和銀行のファンドマネージャーだったという男、Ｂ（Ａ同様の理由で匿名とする）である。

違和感

ＡやＢは私に細かく連絡を寄越しては、投資家を確保できそうだと経過報告するので、私はそれをすっかり信用していた。なにより朝鮮総連とＲＣＣとの訴訟の判決の期日が迫り、焦りがあったということもある。それまでに何とかしなくてはならないと思うから、「うまくいっている」という話を鵜呑みにしてしまう。

彼らが確保したという投資家とは一度だけ会ったことがある。時間がないと言うので、東京駅の八重洲口に近いカレーショップでBを交えて三人で会うことになった。これから新幹線に乗り渓流釣りに行くとかでジーンズ姿のラフな格好で現れ、名刺を交換しようとしても、あいにく持ち合わせがないという。

とても三五億円もの金を動かす商談をする雰囲気ではなく、違和感を覚えざるを得なかったが、そんなことを言っている余裕などない。とにかく判決まで時間がないのだ。店の一番奥の小さなテーブル席で小一時間ほど慌ただしく話をした。

彼の話によると、高校時代に米国に渡ったところ人種差別を受けて苦労した経験があるという。それだけに、在日朝鮮人が差別的な圧力を受けることに問題だと感じており、総連の土地建物の件で投資することには大義がある、資金調達は大丈夫だと言ったことに安堵したものである。

ところが、資金調達のデッドラインにしていた五月三一日になっても資金が届かない。Bは、「金はすぐそこまで来ています」と言いつつも、例の投資家は中央会館の所有権が移転した旨の登記の完了を確認することを絶対条件としているという。

契約上は、登記手続きと代金の支払いは同時に行なうことになっていたが、土屋弁護士らにも確認してとりあえず登記手続きを先行することとし、売買契約書に正式に調印した。

思い返すと、今でも悔やまれる瞬間だ。資金を出すという投資家について、いかなる人物か私自身がもっと把握しておくべきだった。なにせ私自身は、投資家の連絡先はおろか下の名前すら知っていなかったほどだ。自らの甘さを恥じるばかりである。

そして六月八日、本章の冒頭のように公安調査庁の柳長官からの電話で中央会館の登記手続きが完了したことを私は知った。すぐさまBに連絡を取り、投資家からの資金がどうなっているのか追及したが、まだ確認できていないなどと言を左右にされてしまう。

週末をはさんで六月一一日朝、再び公安調査庁の柳長官から電話があり、もう少し詳しく経緯を聞きたいので総務部長と会ってほしいという。了解すると、その日の午後には公安調査庁の伊丹俊彦《いたみとしひこ》総務部長らが私の事務所にやって来た。

二時間にわたって事情を聞かれたが、彼らの関心は専らなぜ私が中央会館の買い受けをするのかという動機にあることが窺えた。そこで、私の引き揚げ体験や中央会館の果たしている役割に対する私見など、すでに柳長官にしたものよりもさらに詳しく説明した上で、売買代金の三五億円については到着を待っている状況だと伝えた。

逆に私からも伊丹部長に質問した。

「先日、柳長官に説明したのに、どうしてまた私のところに来たのですか？」

「緒方先生が八日に長官にされた説明を首相官邸に報告したのですが、それでは官邸が納得せずにさらに詳細を調べるよう指示を出したからです」

当時は第一次安倍政権の時代である。

安倍晋三氏は、北朝鮮による日本人拉致問題を厳しく追及する姿勢を示したことで、政治家として急速に評価を高め、首相へのステップを駆け上がった。政権を握ってからも、ことあるごとに北朝鮮や朝鮮総連に対して強硬な態度を取り続けた。その安倍氏の側近としてこの政権で大きな影響力を持ったのが首相秘書官の井上義行《いのうえよしゆき》氏である。

国鉄出身で分割民営化の際に総理府に配置転換となった異色の官僚だが、官房副長官時代の安倍氏に気に入られて引っ張り上げられた。首相秘書官となってからは、誰が安倍氏と面会するか恣意的に決めることが目立ち、「正確な情報が首相のもとに上がらなくなった張本人」との批判を受けた人物でもある。

公安調査庁の報告に納得しなかったのはその井上氏だったという。

「元長官がこんなことをするのを把握していなかったのか」

そう激怒された公安調査庁は右往左往するばかりだったのだろう。

伊丹部長らとのそんなやりとりがあらかた終わる頃に、事務所の職員から「総連の許宗萬さんから『ぜひお会いしたい、近くまで来ている』と連絡が入ってます」と耳打ちされた。私は少しどこかで待ってもらうよう伝えると、困ったような顔をしながら引き揚げる伊丹部長らの見送りを済ませ、許氏に事務所に来るよう改めて連絡を取ってもらった。

事務所に来た許氏はあきらかに緊張していた。入ってくるなり、いきなりこう切り出した。

「緒方先生、私は先生が大変よくしてくださっているので、お礼ということでAに一〇〇〇万円を渡したのですが、先生は受け取っていますか？」

寝耳に水の話だ。ガツンと頭を殴りつけられたような衝撃を受けた。今回の件で私は総連側からは報酬や謝礼を受け取るようなつもりは全くない。そんなことをしては、中央会館を存続させることへの私の思いが台無しになってしまう。

「はて、何のことでしょう？　私はお礼をもらうつもりはありませんし、Aからもそのようなお金を受け取っていませんよ」

私がそう返すのを聞くや許氏は怒り心頭といった様子でまくし立てた。

「やはりそうですか。Aはけしからん奴だ。信用ならない！　じつはAと私との間で誰にも言わない約束でしたが、Aには先生に渡す一〇〇〇万円の他に、四億数千万円の金を渡してあるのです」

そう言ってAが切った領収書の写しを並べ始めた。そこに書かれた額面は、三億円、一億二五〇〇万円、五九〇〇万円とある。いったい何が起きているのか、混乱して理解が追いつかない私にこの領収書の写しを残したまま許氏は憤然として事務所を出て行った。

力なくそれを見送りながら、ぼんやりと思い当たったのは、Aが私を利用して中央会館の話をまとめ、私のあずかり知らぬところで総連から五億円近い金を引っ張り出していたということだ。私はつくづく間抜けだったのだ。


いずれにせよ、伊丹部長の話では、官邸が騒ぎ出したということである。そうなれば、もはや情報が漏れるのは時間の問題だ。案の定、翌一二日の朝には『毎日新聞』が一面トップで大々的に報じた。

〈在日本朝鮮人総連合会（朝鮮総連）の中央本部（東京都千代田区富士見）の土地と建物が5月末に売却されていたことが分かった。購入したのは、公安調査庁元長官が代表取締役を務める東京都内の投資顧問会社。朝鮮総連の調査に当たる公安庁のトップ経験者が経営する会社と総連との取引が判明し、その経緯と背景が問われることは必至だ〉

じつは記事が掲載されるにあたって、朝鮮総連の許宗萬氏から「毎日新聞がこの取引について明日の紙面で書いてくるそうです」と教えられていたので驚きはなかったが、公安調査庁の長官だったという私の経歴が問題視されているのが気にならないわけがない。

記事を読み終えると、官邸の動きを把握するため公安調査庁の伊丹総務部長に電話した。

「昨日、私の事務所で説明した話は、官邸に報告してくれましたか？」

「はい。総理秘書官には緒方先生が話をされた通りに、中央会館の購入の意図を伝えました」

「それで、どういう反応だったのですか？」

「総理秘書官の態度は大変厳しいものでした。緒方先生の説明として、いっそのこと『もっぱら利益目的で中央会館を購入した』というものだったほうが良かったかもしれません」

つまり、伊丹部長が言いたいことは、私が「カネ目当てだった」と開き直ったほうがまだマシだったということだ。在日朝鮮人の民族や祖国を思う気持ちに報いるためにやったなど総連擁護と受け取られかねない私の主張は、北朝鮮や総連叩き一本槍の安倍官邸を大いに刺激してしまいかねないと、公安調査庁は受け止めたのだろう。

その懸念はあたっていた。事実、安倍首相は私への不快感を露骨に示している。毎日新聞の報道があった一二日の夜には記者団にこう述べた。

「たとえ民間人とはいえ、過去にどういう立場だったか十分に自覚してもらいたい」

翌一三日の夜にも安倍首相はこう述べている。

「朝鮮総連は構成員が拉致をはじめ犯罪にかかわっていた。破防法の調査対象でもある。かつての立場を十分に考えてもらわなければならない」

官邸だけではない。一三日朝の自民党法務部会では議員らの怒号が上がったという。

「検事長、公安調査庁長官までやった者が何を考えているんだ！」

法務部会に出席した柳長官は「公安調査庁への信頼を失いかねない重大な事態で重く受け止めている。迷惑と心配をおかけして申し訳ありません」と陳謝したという。検事として後輩にあたる柳長官には大変な迷惑をかけてしまった。

官邸や自民党の怒りは、私に対して向けられただけではない。古巣である公安調査庁や検察に対しても激しく向けられた。かくして彼らは組織防衛のために動くという判断を迫られていく。

裏目に出た会見

かたや私は新聞報道以来、怒濤《どとう》のような騒ぎに巻き込まれていった。記者やカメラマンらに追いかけられ、朝晩には自宅にまで押し寄せる。これは一刻も早く、私の真意をきちんと伝えなくてはならないと理解した。そうしなければ、私が追い込まれてしまう。

急ぎ一三日午後にセットしたのが、司法記者クラブでの記者会見である。会場には無数の記者やカメラマンが集まり、ものすごい熱気である。テレビカメラのライトが何台も煌々と照らされ、私が口を開くたびに目が眩いほどのスチールカメラのフラッシュがたかれる。

熱気と緊張に押し潰されそうになりながらも、私は懸命に自分の思いを語った。やや長くなるが、その一部を引用しておきたい。

「総連会館は、実質的には北朝鮮の大使館、領事館の機能を果たしています。在日朝鮮人は、私が公安調査庁の長官をしていたころに一六万人、その後の日本人拉致問題で『総連離れ』が起こって相当減っていますが、それでも一〇万人を超える人々が総連に加入しています。

では、大使館としての機能とは、何を意味するのか。一〇万人近い人の、日本における権利擁護を果たしているのです。在日の人々は、良い悪いを抜きにして、日本がかつて覇権主義を唱え、拡大主義を唱えて朝鮮半島を日本の手中におさめ、そして、そこにいた人たちが日本に来たのです。強制移住とは思いたくはありませんが、中にはあったかもしれません。その後に定住したのです。

朝鮮半島は南北に分断され、北に親類縁者がいる人々は、彼らとコンタクトを取るためには、大使館機能としての朝鮮総連を通じて交流を持たざるを得ません。日本にいる在日朝鮮人に責任はないのです。

一方で、朝鮮総連がそこを拠点として犯罪的行為、日本に迷惑をかけているのは事実としてあります。公安調査庁の長官として、それを調査していたのでよく知っています。現在でも公安調査庁が調査しなければならないと判断しているのは、当然だろうと思います。しかし、大使館機能を持つ朝鮮総連を分解し、追い出そうとしてしまえば、在日の人々の拠り所がなくなり、棄民のような立場に置かれてしまうのです。

(中略)安倍政権は拉致問題で必死になって北朝鮮に揺さぶりをかけています。それは当然のことです。しかし、アメリカの動きを見ると、非常にしたたかで、どこかで折り合いをつけています。北の逃げ道をつくっています。また、安倍首相がやっていることは正しいけれども、RCCは民間会社です。民間まで使って在日の拠点を奪うようなことをやっては好ましくない。将来の国交回復にも取り柄になりません。

金儲けのためでもなければ、国士になろうと思ったわけでもない。また、一点の違法もない。安倍首相は『遺憾である』とおっしゃっていたが、それは非常な誤解です」

私の真摯《しんし》な訴えは集まった記者らに伝わったものと信じたい。記者会見後に若い記者が私のもとに駆け寄り、「緒方さんの気持ち、とてもよくわかりました。非常に大切な考えだと思いました」と言ってくれた。

記者会見に臨む著者

だが、この会見は官邸の怒りを解くという意味では、完全に裏目に出てしまったように思う。

私自身、そして朝鮮総連の許氏や土屋弁護士は、元検事長、元公安調査庁長官という肩書きを持つ私が中央会館の引き受け先となることで、RCCを抑え込むことができると踏んでいたわけだが、ことはそれだけに収まらなかった。

政権を挙げて対北朝鮮強硬路線を突っ走る最中に朝鮮総連を救おうとした私の動きは、当時の官邸にとって許されざる反逆行為と映ったはずだ。しかも、カネ目当てではない。私なりの正義、私なりの義侠心のためだという会見での訴えは、さらにそれを浮かび上がらせてしまった。

官邸からの強いプレッシャーを受けて「OBがやることだからと手をこまねいているとマズい」と検察上層部が協議していたところに、この会見の様子が伝えられたそうだ。彼らは組織防衛を優先すべく腹を括《くく》ったのだろう。

検察が動き出したのは、この会見が終わった晩のことである。東京地検特捜部が私や土屋弁護士の事務所、それに私の自宅の強制捜査に踏み切った。

最初に柳長官から問い合わせの電話があってからわずか五日後、毎日新聞の報道があった翌日のことだ。捜査に慎重さを求める検察にあっては、考えられないような電撃的な着手である。かくして私は「国策捜査」という俎《まないた》の上に置かれる身となってしまう。

家宅捜索にあたり容疑は「電磁的公正証書原本不実記録・同供用」とされた。つまり、売買の実態がないのにもかかわらず、私が代表取締役を務めるハーベスト投資顧問と朝鮮総連が架空の売買取り引きによって総連中央会館の所有権移転登記を済ませていたという事実を特捜部は問題視して、ここを捜査の突破口にしようとしたとみられる。

しかも、この家宅捜索が終わってわずか一時間あまり後の午後一一時二〇分に朝日新聞の記者を名乗る者から電話があり、「自宅に特捜部のガサ入れがあったということで間違いないか」と確認を求められた。記者の問い合わせには答えなかったが、そのあまりに早いタイミングに驚いた。官邸からなのか、検察からなのかは知らない。だが、それがリークによるものであろうことは、容易に想像がつく。

特捜部の見立ては、朝鮮総連や土屋弁護士、それに私たちが共謀して、中央会館の差し押さえを免れるべく、「強制執行妨害」を図ったという筋書きだったのだろう。だが、そんな筋書きでは事件にすることはできない。それはそうだろう。日弁連会長を務めた土屋弁護士と大物ヤメ検の私とが相談を重ねて練り上げたスキームだ。違法性が問われるわけがない。

そう思っていた矢先の六月二八日、強制捜査からわずか二週間後に私とA、そしてBの三人が東京地検特捜部に逮捕された。逮捕にあたっての容疑は「電磁的公正証書原本不実記録・同供用」ではなく、まさかの「詐欺」。私たち三人が共謀して朝鮮総連を騙《だま》して中央会館の土地建物を詐取したというのだ。

青天の霹靂《へきれき》以外のなにものでもない。天地神明に誓って言うが、詐欺の汚名を着せられる謂れなど、私には何もない。

確かに最終的に中央会館の売買代金にあたる三五億円が届くことはなく、朝鮮総連側に支払われることもなかった。マスコミ報道で大騒ぎとなり投資家が二の足を踏んだのか、それとも最初からそんな話などなかったのか。それは私には分からない。

だが、登記手続きを先行させるにあたり、いつでも元の登記に戻せるように、書類一式と印鑑を私は土屋弁護士に預けておいた。実際、家宅捜索後の六月一八日付で所有権登記は元に戻されている。騙し取ろうという者がそんなことをするわけがない。

それに「詐欺」の被害者にあたるはずの朝鮮総連も土屋弁護士も「自分たちが詐欺の被害者であると感じていない」とはっきり述べている。

被害者のいない詐欺事件など、私の四〇年以上に及ぶ法曹人としてのキャリアの中で、一度たりとて見聞きしたことがない。私には考えもつかない荒唐無稽な事件だ。はっきり言おう。私は検察の組織防衛のために切り捨てられたのだ。

それなのに私は逮捕され、起訴後は最高裁まで争ったが、敗訴が確定した。残ったのは日本の司法への大いなる幻滅と私が社会的に抹殺されたという事実だ。

思い返せば、特捜部の取り調べは苛烈だった。いくら私が事実を述べても、まるで聞く耳を持とうとしない。それはそうだろう。官邸の意向を受けた「立件・起訴ありき」の国策捜査なのだから。それでも私は、真実の追及を最大の使命とする検察にかつて身を置いた者の一人として、真実のみを語ろうと努力を続けた。

妻への手紙

東京拘置所の独房にいた間、私の心の支えは毎日のように書いていた妻との手紙のやり取りだった。妻に宛てた文章をいま読み返すと、当時の心境がまざまざと蘇ってくる。
〈貴方から逮捕の前、私は飯炊きばあさんだったのかと云われた時、本当に返す言葉もなく、ガックリ来ましたが、云われてみれば結果としてそうであったと、貴方には何もかも話し合って来なかったことを心から謝らなければいけないと思っています。（中略）今回の事件が全くの官邸、特捜の政治的意図を持ったデッチ上げであり、たとえ起訴されても全面的に争い無罪をもって真実を明らかにする以外、救う道は他にないと思っています〉（〇七年七月二日）
〈昨夜は車を運転していて途方に暮れる夢をみました。空港の中が大きな車の展示場でぐるぐる廻っているうちに帰る道が判らなくなり、いつの間にか滑走路のような中に迷って出てしまったと思ったら霧が一斉に押し出して来て、前方が見えなくなり立ちすくんでいると飛行機が轟音で飛び立とうと霧中からせまって来るところで目がさめました。夢の意味は判りませんが、何か私の現在置かれている立場を見たような気もしています〉（七月

五日）

〈独房では日中ほとんどラジオが鳴っていますが、ロック調のミュージックが多く、ユーミンを除くと聞きづらくおちつきません。特に午後5時からのFMは男性アナのおしゃべりが雑音以上にうるさく、話していることが半分も理解出来ないので参っています〉（七月九日）

〈昨日検事から起訴が決まったと言われました。勾留12日目ですが、残るところ7日もあるのに起訴決定と云うのも、被疑者の云い分を全く聞こうとしない態度であり、それならもう取調をしなければ良いのに。私に対するゆさぶりで、起訴と云えば、自白するとでも思ったのでしょうか〉（七月一二日）

〈調べの方は、又格段と厳しくなったように思います。昨夜の取調は午前1時まで及びました。最近の一般的取調の時間はほぼ午後10時とされているはずですが、昨夜は午後7時から6時間に及ぶものでした。しかし真実は真実としてつらぬく考えであり、実行しています。取調検事は捜査の歯車の一つであり捜査主任の意向に沿った取調をしており一定の方向にしか考えが及ばないというか、真実を見抜かない方向でしか考えが及んでおらず、自分の心証を捜査主任、決裁官には述べてないように思います。（中略）しかし、こうした検察の捜査が真実を偽り、作られた犯罪話に固められていくかと思うと、空恐ろしい気になります。私は検事時代、そのような犯罪に仕立てて行く捜査はやったことがありませんでした。これが特捜流の捜査と云うことでしょうか。恐ろしいことです〉（七月一三日）

私は懸命に真実を貫こうとした。だが、朝から晩まで続く取り調べは四〇日以上にわたった。

「取り調べを受ける側の立場とは、これほどまで辛いものなのか」

つくづくそう思い知らされたものである。

狭い取り調べ室の中で若い検事が机を叩きながら繰り返す脅迫、恫喝、泣き落とし。検事長まで勤め上げた大先輩であるはずの私への侮辱、そして誰も頼る相手がいない孤独……。

ついに耐え切れなくなり私は「自供」に追い込まれてしまった。

それでも、その後の公判で翻せるのではないかと甘く考えていたが、特捜部にとって都合のいい供述だけがすぐさまマスコミにリークされ、大々的に報道されてしまう。特捜部が作り上げたストーリーは、検察とマスコミの完璧なまでの連携によって揺るぎない真実であるかのようにされ、巨大な官僚機構である裁判所はそれを追認するだけだった。

一九六〇年に検事に任官して以来、わが国の治安と秩序を守るため私は闘ってきた。国家転覆を図る新左翼過激派やオウム真理教に対して法令を唯一の拠り所にして対峙してきたつもりだ。検事人生の最後に天皇陛下の認証官のポストを二つも重ねることができたのは、私が大いに誇りとするところである。

多くの霞が関の官僚たちがそうであるように、退官してからは一〇年近く現役時代とは打って変わって大手企業の監査役をいくつも兼ねる優雅な生活を送っていたが、それらもすべて失った。マスコミの記者らが大挙して押し寄せてきた都内の自宅も処分して、現在は私たち夫妻の郷里である九州の片田舎で静かに暮らしている。妻や子供たち家族には大変な思いをさせたと反省の日々である。

朝鮮総連の中央会館は一三年に行なわれた二度にわたる競売を経て、山形県内の企業に転売され、朝鮮総連がそのまま継続使用できることになった。その意味では、在日の拠り所としての中央会館を守るということは達成された形である。

中央会館の継続使用が可能になった頃に、名実ともに朝鮮総連のトップになっていた許宗萬氏から電話をもらったことがある。

「おかげさまですべてうまくいきました。ぜひお礼として食事にご招待したいのですが、奥様とご一緒に東京にお越しになりませんか?」

あれだけの騒動がありながら、こういう誘いをしてくるところが、許宗萬氏のなかなか憎めないところでもある。それに、こんな電話があったことも、許氏が騙されたなどと思っていない証と言えよう。

「あなたは〝詐欺事件〟で被害者とされた立場ですよ。被害者と加害者が一緒に食事なんてするわけにはいかないでしょう」

そう冗談めかしながらも丁重にお断りした。


私の古巣である公安調査庁には、大きな迷惑をかけてしまった。特に柳長官や伊丹総務部長には申し訳ないとの思いが強い。

ただ、朝鮮総連の許宗萬氏の依頼を受けることにした時からハレーションを生むことは、予想していた。そうでなければ、弾除けとしての役割を果たすことができない。

そうだとしても、所有権移転の登記をする前に、公安調査庁にはあらかじめ断っておけばよかったと思うこともなくはない。日々監視する立場だからこそ公安調査庁側は中央会館を残しておくことの意義を理解してくれるのではないか。そうやって十分に根回しをした上であれば、逮捕などという馬鹿げた騒動になることはなかったはずだ。

今でも自分の肩書きを使えば、ＲＣＣから朝鮮総連を救うことができると考えた自分の判断の甘さを悔いることはある。完全に裏目に出てしまい、この経歴の持ち主だからこそ許せないと官邸や自民党を大いに刺激してしまった。それに北朝鮮や朝鮮総連を叩くことに躍起となっていた安倍政権の姿勢に対する認識が不十分だったとの反省もある。
それでも朝鮮総連のために動いたことに誤りはなかったとの思いも去来する。

朝鮮総連は北朝鮮の日本における出先としての機能を果たしている。その活動が日本の公共の安全にとって多くの問題を孕んでいることは、公安調査庁の長官だった私が誰よりも知っている。違法な工作活動に関与した疑いがあるばかりか、六〇年代や七〇年代の帰国事業の際には「地上の楽園」との虚偽の宣伝によって、多くの在日同胞を酷寒の地に送り込んだ。だが、だからと言って、朝鮮総連から中央会館を取り上げ、解体へと追い込むのが、適切なことなのだろうか。現在の朝鮮総連は内政不干渉の原則を採り、オウム真理教のように日本の国家体制の転覆まで企図するような団体ではない。

朝鮮総連は、大使館や領事館のような機能を果たし、一〇万人もの在日朝鮮人の拠り所でもある。北朝鮮に親戚がいる在日は総連を通じて連絡を取り合っている。朝鮮総連を失って遮断されるのは、人やモノが行き交うルートだけではない。情報の流れるルートも絶たれてしまう。

かつて日朝間には多くの在日朝鮮人たちが祖国訪問やビジネス、貿易などで行き交い、交流があった。公安調査庁はこうした人的交流に着目して、多くの協力者を獲得して、諸外国の情報機関からも重宝される質の高い情報を入手してきた。

私の行動には、公安調査庁の活動基盤を守り、わが国にとって極めて重要な北朝鮮情報が流れてくるルートを遮断させてはならないとの思いもあった。

ところが、それを否定する安倍氏らをはじめとする強硬派は、経済においても人の往来においても北朝鮮や朝鮮総連を締めつけることに血道を上げてきた。

いま公安調査庁をはじめとするインテリジェンスの現場で働く者たちは、かつてのような濃密な情報の入手がうまくできず、四苦八苦していると聞く。正しい情報が入ってくるルートを確保しておかねば、国家の行方を左右する問題で深刻な過ちを犯しかねないと本書で幾度か述べたとおりだ。

もちろん、核ミサイル開発などわが国の存立を脅かしかねない問題に対して、毅然と対処するのは当然である。ただ、拉致問題を解決させるとしながら、北朝鮮への強硬一本槍の路線を採り続けることで安倍政権は何らかの成果を引き出すことができただろうか。

それどころか、経済制裁の強化や朝鮮総連の締め付けを進めた結果、かえってこの分野におけるわが国の情報収集の低下を招いていないかと危惧される。

安倍政治が放った光が強かっただけに、そこから伸びた影もまた大きかった。その犠牲者は私だけではないはずだ。

おわりに

初冬の澄みきった青空のもと、安田講堂は厳然として起立していた。その講堂から延びる銀杏並木の黄金の装いは見事という他ない。

本書に掲載する写真の撮影のために上京すると、編集者の案内で各地を回った。地下鉄サリン事件の舞台となった霞ヶ関駅や私の勤め先だった検察庁や公安調査庁が入る合同庁舎も訪れたが、土曜日だったせいか人気は全くなく灰色のイメージだった。

打って変わって安田講堂の周辺には多くの人影が見られた。幼い子供たちが座り込み、一面に敷き詰められた真黄色の落葉を両手に掬《すく》っては嬉々として放り投げ、その場面を若い夫婦がカメラに収めている。

「平和だな」

思わず呟いた。かつてこの場所において、講堂に立て籠もる学生たちと排除しようとする機動隊との間で二日間にわたる凄まじい攻防戦が繰りひろげられたことなど、恐らくここにいる人たちは知らないだろう。改めてかつての記憶を掘り起こす本書を出版する意義を感じた。

私はかねてから検察官の立場から見た戦後の公安事件について記述したいと考え、それなりの資料を取り揃えていた。その矢先、フリーランス記者の竹中明洋氏の来訪を受ける。用件は朝鮮総連の許宗萬氏について話を聞きたいとのこと。竹中氏にはNHK記者などの経歴がある。私の資料を見て貰うと、この資料にある公安事件について語るのはもう私しかいない、是非世に問う必要があるので協力したいとの申し出があった。

竹中氏は私の資料以外にも多くの資料を集め、かくして二人三脚での執筆が始まった。これに小学館「週刊ポスト」編集部の湖山昭永氏が企画に加わった。このお二人の多大な尽力により本書が出来上がったものであり、深甚なる感謝の意を表したい。

なお本書には公安事件年表を付した。およその事件の流れを読み取るができると思う。

公安事件年表＋著者年譜

	公安事件	緒方氏のキャリア	世の中の出来事
1957年 1・1 7・8 12月	東京地検に公安部を新設（初代部長は布施健） 第二次砂川事件 革命的共産主義者同盟（革共同）が結成	3月　早稲田大学卒業 司法試験合格	1・30　群馬県相馬原の米軍射撃場で米兵が農婦を射殺（ジラード事件） 2・25　岸信介内閣が成立 10・4　ソ連が人工衛星スプートニク1号を打ち上げ
1958年 7・21	共産党第7回党大会の開幕。暴力革命を目指した51年綱領を廃棄	4月　司法研修所入所（第12期修習生）	
1959年 11・27	国会乱入事件。安保条約改定に反対する学生らが国会に乱入		3・30　東京地裁で日米安保条約に基づく米軍駐留を違憲とする判決（砂川事件・伊達判決） 4・10　皇太子明仁親王と正田美智子が結婚

1960年	1・16 岸首相訪米阻止羽田空港占拠事件。学生ら約600人が空港内に侵入し食堂を占拠 4・26 国会前で安保条約改定に反対する学生らと警官隊が乱闘 6・11 ハガチー事件 6・15 国会正門前で全学連と警官隊が衝突。東大生の樺美智子が圧死 6・18 永田町周辺でのデモ参加者が主催者発表で33万人にまで膨れ上がる	4月 東京地検検事任官 12月 甲府地検	6・19 新安保条約が自然成立 7・15 岸内閣が総辞職 7・19 池田勇人内閣が発足
1961年	12・12 三無事件で一斉検挙。破防法が初めて適用		5・16 韓国で朴正熙ら軍部によるクーデター
1962年			7・11 国産旅客機YS－11試作機が完成 10・22 キューバ危機
1963年	2月 革共同が革マル派と中核派に分裂		11・19 三井三池炭鉱爆発事故 死者458人 11・22 ケネディ米大統領暗殺

1964年 3・24	ライシャワー米大使襲撃事件		10・1 東海道新幹線開業 10・10 東京オリンピック開幕 11・9 佐藤栄作内閣発足
1965年 1月 4・24 10・12	慶應大で学費値上げ反対闘争 ベ平連結成 日韓条約批准阻止闘争事件		2月 アメリカがベトナムで北爆開始 6・22 日韓基本条約調印 11・10 中国で文化大革命始まる
1966年 1月 同	早大で学費値上げ反対闘争 横浜国大でも学生らがスト突入		7・4 成田市三里塚に新空港建設を閣議決定
1967年 7・9 8・8 10・8 11・12	砂川基地拡張阻止大集会 新宿駅で航空燃料を積んだ米軍タンク車と貨車が衝突炎上 第一次羽田事件。佐藤首相の東南アジア訪問阻止を図る学生と警官隊が衝突 第二次羽田事件。佐藤首相の訪米阻止を図る	4月 （甲府地検の後、横浜地検、東京地検八王子支部を経て）東京地検刑事部	6・5 第三次中東戦争

1968年		1月　東京地検公安部	
1・15―19	エンタープライズ寄港阻止闘争		5・8　イタイイタイ病が公害病に認定
2・20―	米軍王子野戦病院設置反対闘争		5・21　フランスで5月革命
4・15			8・20　チェコの「プラハの春」に対しソ連が軍事介入
6・27	東洋大学事件		12・10　府中市で三億円事件が発生
9・4―	日大紛争事件		
10・21	新宿騒擾事件		
11・7	沖縄奪還闘争		
1969年			
1・18―19	東大安田講堂事件		3・2　中ソ国境のダマンスキー島で両国軍が衝突
2・21	中央大奪還闘争事件		6・10　日本のGNPが西独を抜いて西側で2位に
4・28	沖縄返還闘争事件		7・20　アポロ11号が人類初の有人月面着陸
5・31	愛知外相訪米阻止闘争事件		11・21　日米首脳会談。3年後の沖縄返還で合意
6・7―	アスパック粉砕全学連統一行動集会事件		
7・27			
9・2	赤軍派が神奈川県の城ヶ島で結成大会		
9・3	早大大隈講堂第2号館不法占拠事件		
9・30	日大奪還闘争事件		
10・21	国際反戦デー事件		
11・1	アメリカ文化センターピース缶爆弾事件		
11・5	大菩薩峠事件		
11・16―17	佐藤首相訪米阻止闘争事件		

1970年			
3・31	よど号ハイジャック事件		3・14 大阪万博開幕
6・14	六・一四反安保統一行動事件		
6・15	六・一五反安保統一行動事件		5・12 瀬戸内シージャック事件
6・23	六・二三反安保統一行動事件		
8・3	東京教育大学生殺人事件。革マル派の東京教育大生が中核派のリンチにより殺害。これ以降、両派の内ゲバが激化	8月 札幌地検	6・23 日米安保条約発効
11・25	三島由紀夫が陸自東部方面総監を監禁後、割腹自殺		
12・18	上赤塚派出所襲撃事件		12・20 沖縄でコザ暴動

1971年			
2・17	真岡銃砲店襲撃事件		
2・28	赤軍派の重信房子が奥平剛士とともに出国。中東に根拠地建設へ		
5・30	五・三〇沖縄返還協定調印阻止闘争事件		
6・17	明治公園爆弾事件		6・17　沖縄返還協定調印
7・15	赤軍派と京浜安保共闘革命左派が統合して統一赤軍が結成（のちに連合赤軍に改称）		7・1　環境庁発足
7・23	松江相銀米子支店強奪事件		7・30　全日空機雫石衝突事故
8・3	印旛沼事件		
8・21	朝霞自衛官殺害事件（赤衛軍事件）		
9・16	成田空港建設反対派による東峰十字路事件		9・8　中国で林彪によるクーデターが失敗
10・18	日石本館地下郵便局爆破事件		
11・14	渋谷暴動事件		
11・19	一一・一九沖縄返還協定批准阻止闘争		
	日比谷公園の松本楼が全焼		
12・4	関西大学構内内ゲバ殺人事件		
12月上旬	南アルプスで連合赤軍が初の軍事訓練		
	群馬県へと移動し、山岳ベース事件を起こす		
12・18	土田邸小包爆弾事件		

1972年			
2・19	あさま山荘事件（〜2・28）		2・3　札幌五輪開幕
5・30	テルアビブ空港乱射事件		4・4　外務省秘密漏洩事件
10・23	風雪の群像・北方文化研究施設爆破事件		5・15　沖縄返還
11・8	川口大三郎事件　早大の学生が中核派の活動家と誤認され、革マル派により殺害		7・7　田中角栄内閣が発足
			9・5　ミュンヘン五輪でイスラエル選手11名が殺害
			9・29　田中首相が訪中。日中国交正常化
1973年			
4・26	革マル派品川機関区侵入事件	3月　東京地検公安部	3・29　ベトナム戦争で米軍が南ベトナムから撤退
6・14	共産同戦旗派による早大侵入事件		8・8　金大中事件
7・20	日本赤軍によるドバイ日航機ハイジャック事件		10・6　第四次中東戦争、オイルショックへ
10・20	革マル派対中核派内ゲバ事件		
12・9	革マル派対中核派内ゲバ事件		

1974年			
1・31	日本赤軍によるシンガポール事件		3・10 フィリピン・ルバング島で小野田寛郎少尉を発見
2・6	在クウェート日本大使館占拠事件		8・15 文世光事件
2・8	琉球大学内ゲバ誤認殺人事件		10・10 『文藝春秋』に「田中角栄研究」が掲載
8・30	三菱重工ビル爆破事件		12・9 田中内閣総辞職、三木武夫内閣発足
9・13	日本赤軍によるハーグ事件		
10・14	三井物産本社爆破事件		
10・31	東京高裁長官室乱入事件		
11・25	帝人中央研究所爆破事件		
12・10	大成建設爆破事件		
12・23	鹿島建設内装センター爆破事件		
1975年			
3・14	中核派書記長が革マル派により殺害		4・30 サイゴン陥落。ベトナム戦争が集結
	川崎市女子職員内ゲバ事件		9・13 警視庁警護課にSP創設
3・27	三木首相暴行事件		9・30 昭和天皇夫妻が初の公式訪米
6・16	ひめゆりの塔火炎びん投擲事件		
7・17	新橋駅内ゲバ事件		
8・4	日本赤軍によるクアラルンプール事件		
9・4	横須賀緑荘誤爆事件		

1976年 3・2	北海道庁爆破事件	3月　法務総合研究所教官	7・27　ロッキード事件で東京地検特捜部が田中角栄前首相を逮捕 9・6　ソ連空軍ベレンコ中尉がMiG－25で亡命 12・24　福田赳夫内閣発足
1977年 2・11 2・24 3・3 4・15 9・19 9・28 10・27	革労協書記長が革マル派により殺害 共同通信会館ビル放火未遂事件 経団連会館襲撃事件 浦和車両放火内ゲバ殺人事件 宇出津事件 日本赤軍によるダッカ事件 神社本庁爆破事件		1・20　米国でカーター大統領が就任 10・15　長崎バスジャック事件
1978年 3・26 5・5	成田空港管制塔占拠事件 京成スカイライナー放火事件		5・20　成田空港開港 8・12　日中平和友好条約締結 12・7　大平正芳内閣発足

1979年		3月 東京地検総務部	2・11 イラン革命 2・17 中国とベトナムが軍事衝突。中越戦争 10・26 朴正熙韓国大統領暗殺 12・27 ソ連によるアフガニスタン侵攻
1980年 1・18	コズロフ事件で陸将補らを逮捕	3月 法務省大臣官房営繕課長	1・26 イスラエルとエジプトが国交樹立 7・17 鈴木善幸内閣発足
1981年			4・12 初のスペースシャトル打ち上げ 10・6 エジプトのサダト大統領暗殺
1982年			11・27 中曽根康弘内閣発足 12・9 レフチェンコ証言
1983年		3月 東京高検公安部	9・1 大韓航空機撃墜事件 10・9 ラングーン爆弾テロ事件

1984年 9・19	自民党本部放火事件	11月　公安調査庁調査第二部長	3・18　江崎グリコの社長が誘拐。グリコ森永事件
1985年 1・1 2・5 4・12 10・20 11・29	在大阪・神戸米国総領事館パイプ弾発射事件 和光大事件 成田・羽田両空港同時爆発物発射事件 一〇・二〇成田現地闘争 国電同時多発ゲリラ事件		1・26　山口組四代目竹中正久が襲撃殺害される 3・11　ゴルバチョフがソ連共産党書記長に就任 4・1　電電公社が民営化 8・12　日航機墜落事故
1986年 4・29 5・4 5・6 11・27	檜町公園事件 迎賓館ロケット弾事件 東京サミット同時時限発火事件 共産党国際部長宅盗聴事件	4月　公安調査庁総務部長	4・26　チェルノブイリ原発事故 9・6　土井たか子が社会党委員長に就任
1987年 5・3 5・27 6月 8・27 10・17	朝日新聞阪神支局襲撃事件 東芝機械ココム違反事件 オウム神仙の会をオウム真理教と改称 北の丸公園爆発物発射事件 横浜ヨット小型旅客船爆破事件		6・29　韓国の盧泰愚大統領候補が民主化宣言 7・14　台湾で1949年以来続いた戒厳令が解除 11・6　竹下登内閣発足

1988年 9・21	千葉県収用委員会会長襲撃事件	12月　最高検公安部	6・18　リクルート疑惑 11・16　ソ連のエストニア共和国が主権宣言
1989年 2・3	東郷神社爆破事件		2・24　昭和天皇大喪の礼 6・3　宇野宗佑内閣発足 6・4　天安門事件 8・10　海部俊樹内閣発足 11・10　ベルリンの壁崩壊
1990年 1・18 2月 4・12 5・12 10・9 10・22 11・1 11・22	常陸宮邸爆発物発射事件 衆議院選挙にオウム真理教から多数立候補 日本飛行機専務宅放火殺人事件 近畿財務局合同宿舎爆破事件 八王子市陵南会館爆破事件 国土利用計画法違反でオウム真理教への強制捜査 警視庁独身寮爆破事件 桂離宮爆発物発射事件	4月　長野地検検事正	6・29　礼宮文仁親王が川嶋紀子と結婚、秋篠宮家を創設

1991年	9・4 外務省審議官実父宅放火殺人事件	12月 最高検公安部長	1・17 湾岸戦争勃発 8・19 ソ連8月クーデター 11・5 宮沢喜一内閣発足 12・26 ソ連崩壊
1992年			2・13 東京佐川急便事件 9・20 共産党の野坂参三が名誉議長から解任
1993年	7月 朝鮮総連で許宗萬氏が責任副議長に昇格	7月 公安調査庁長官	6・9 皇太子徳仁親王と小和田雅子が結婚 8・9 細川護熙内閣発足
1994年	6・27 松本サリン事件		4・28 羽田孜内閣発足 6・30 村山富市内閣発足 7・8 北朝鮮の金日成主席死去 10・21 米朝枠組み合意

1995年			
3・20	地下鉄サリン事件	7月　仙台高検検事長	9・4　沖縄米兵少女暴行事件
3・20	ルーマニアに潜伏中の日本赤軍メンバーの浴田由紀子が国外退去処分、逮捕		
3・30	警察庁長官狙撃事件		
5・16	オウム真理教教祖の松本智津夫逮捕		
1996年			
7・11	公安調査庁が公安審査委員会にオウム真理教の解散を請求	6月　広島高検検事長	1・11　橋本龍太郎内閣発足
			12・17　在ペルー日本大使公邸占拠事件
1997年			
1・31	公安審査委員会が破防法適用を棄却	6月　定年退官	7・1　香港が中国に返還
2・15	レバノンに潜伏中の日本赤軍メンバーの和光晴生、足立正生、岡本公三らが逮捕		11・22　山一證券破綻
6・28	神戸事件をめぐる革マル派事件		
7月	黒羽・ウドヴィン事件		
8月－10月	早大学生部長宅盗聴事件		

主要参考文献

青木理『オウムvs公安「組織防衛」攻防の無法地帯』『現代』二〇〇〇年三月
麻生幾『ドキュメント　オウムに破防法を適用せよ』『文藝春秋』一九九五年九月
石郷岡建・青木英一『ロシア・オウム残党が「麻原奪還」で沖縄サミットテロを計画していた！』『サンデー毎日』二〇〇一年一〇月七日
伊藤栄樹『秋霜烈日　検事総長の回想』朝日新聞出版・一九八八年
岩上安身『オウム「11月戦争」の恐怖』『宝島30』一九九五年一二月
同『早川ノートと理念なき「内乱」』『宝島30』一九九六年一月
大森義夫『日本のインテリジェンス機関』文春新書・二〇〇五年
緒方重威『凶器準備集合・同結集罪の適用をめぐる実務上の諸問題（法務研究報告書　第63集第4号）』法務総合研究所・一九七七年
同『公安検察　私はなぜ、朝鮮総連ビル詐欺事件に関与したのか』講談社・二〇〇九年
小熊英二『1968』（上）（下）新曜社・二〇〇九年
門田隆将『狼の牙を折れ　史上最大の爆破テロに挑んだ警視庁公安部』小学館・二〇一三年

北村滋『外事警察秘録』文藝春秋・二〇二三年
呉圭祥『記録在日朝鮮人運動　朝鮮総連50年』総合企画舎ウイル・二〇〇五年
坂口弘『あさま山荘1972続』彩流社・一九九五年
佐々淳行『東大落城　安田講堂攻防七十二時間』文春文庫・一九九六年
同『日本赤軍とのわが「七年戦争」　ザ・ハイジャック』文春文庫・二〇一三年
塩見孝也『赤軍派始末記　元議長が語る40年』彩流社・二〇〇三年
重信末夫『重信房子の父として』『文藝春秋』一九七二年八月
重信房子『はたちの時代　60年代と私』太田出版・二〇二三年
白河直『〈早川ノート〉に記されたオウム真理教武装クーデター計画の全容』『文藝春秋』一九九五年六月
菅沼光弘『公安調査庁は何をしてきたか』『文藝春秋』一九九五年一一月
同『今初めて明かす　北朝鮮、ロシア、中国へのインテリジェンス・ウォー諜報活動』『宝石』一九九六年六月
高尾昌司『ロシア・オウムが「麻原奪還計画」を企てていた！』『週刊ポスト』二〇〇〇年九月八日
竹中明洋『オウム真理教　サリン技術を流したロシア高官』『文藝春秋』二〇一一年一二

月
津田武徳『あなたの知らない「東大安田講堂事件」』幻冬舎・二〇一六年
手嶋龍一・佐藤優『公安調査庁　情報コミュニティーの新たな地殻変動』中公新書ラクレ・二〇二〇年
東京地方検察庁沿革誌編集委員会編『東京地方検察庁沿革誌』一九七四年
東京地方検察庁公安部『公安部三十年史』一九八七年
中島修『40年目の真実　日石・土田爆弾事件』創出版・二〇一一年
野田敬生『公安調査庁の深層』ちくま文庫・二〇〇八年
早川紀代秀・川村邦光『私にとってオウムとは何だったのか』ポプラ社・二〇〇五年
福井惇『狼・さそり・大地の牙』文藝春秋・二〇〇九年
堀栄三『大本営参謀の情報戦記　情報なき国家の悲劇』文春文庫・一九九六年
松下竜一『狼煙を見よ　東アジア反日武装戦線〝狼〟部隊』河出書房新社・二〇一七年
御厨貴・牧原出編『聞き書　野中広務回顧録』岩波書店・二〇一二年
森恒夫『銃撃戦と粛清　森恒夫自己批判書全文』新泉社・一九八四年
山本義隆『私の1960年代』金曜日・二〇一五年
李命英『四人の金日成』成甲書房・一九七六年

『ドキュメント構成　新宿・十月二十一日』『中央公論』一九六八年一二月
『赤軍派〝女隊長〟切々の獄中記』『週刊現代』一九七〇年七月一六日
『「オレは爆弾テロ犯人に仕立てられた」秦豊の内幕を撃て！土田邸・日石ビル爆破事件裁判の問題点』『週刊ポスト』一九七四年一一月一日
その他に『朝日新聞』『毎日新聞』『読売新聞』『産経新聞』『東京新聞』各紙の紙面を参考にした。

緒方重威（おがた・しげたけ）

1934（昭和9）年、愛知県生まれ。早稲田大学法学部卒業。23歳で司法試験に合格し、検事任官。甲府地検、東京地検などを経て、1984年に公安調査庁調査第二部長として在日本朝鮮人総連合会（朝鮮総連）の調査を担当。最高検察庁公安部長、公安調査庁長官を経て、1995（平成7）年に仙台高検検事長に。広島高検検事長を最後に定年退官し、弁護士となる。2005（平成17）年、瑞宝重光章受章（その後自主返納）。

構成　**竹中明洋**（たけなか・あきひろ）

1973（昭和48）年、山口県生まれ。NHK記者、衆議院議員秘書、「週刊文春」記者などを経てフリージャーナリストに。著書に『殺しの柳川　日韓戦後秘史』、『決別　総連と民団の相克77年』（ともに小学館）などがある。

編集　湖山昭永

総括　戦後公安事件秘録

二〇二五年三月二十四日　初版第一刷発行

著者　緒方重威
発行者　三井直也
発行所　株式会社小学館
〒一〇一-八〇〇一　東京都千代田区一ツ橋二-三-一
編集　〇三-三二三〇-五七二〇　販売　〇三-五二八一-三五五五
DTP　株式会社昭和ブライト
印刷所　萩原印刷株式会社
製本所　株式会社若林製本工場

造本には十分注意しておりますが、
印刷、製本など製造上の不備がございましたら
「制作局コールセンター」（フリーダイヤル〇一二〇-三三六-三四〇）
にご連絡ください。
（電話受付は、土・日・祝休日を除く九時三十分～十七時三十分）

ISBN 978-4-09-389199-8